KiWi 224

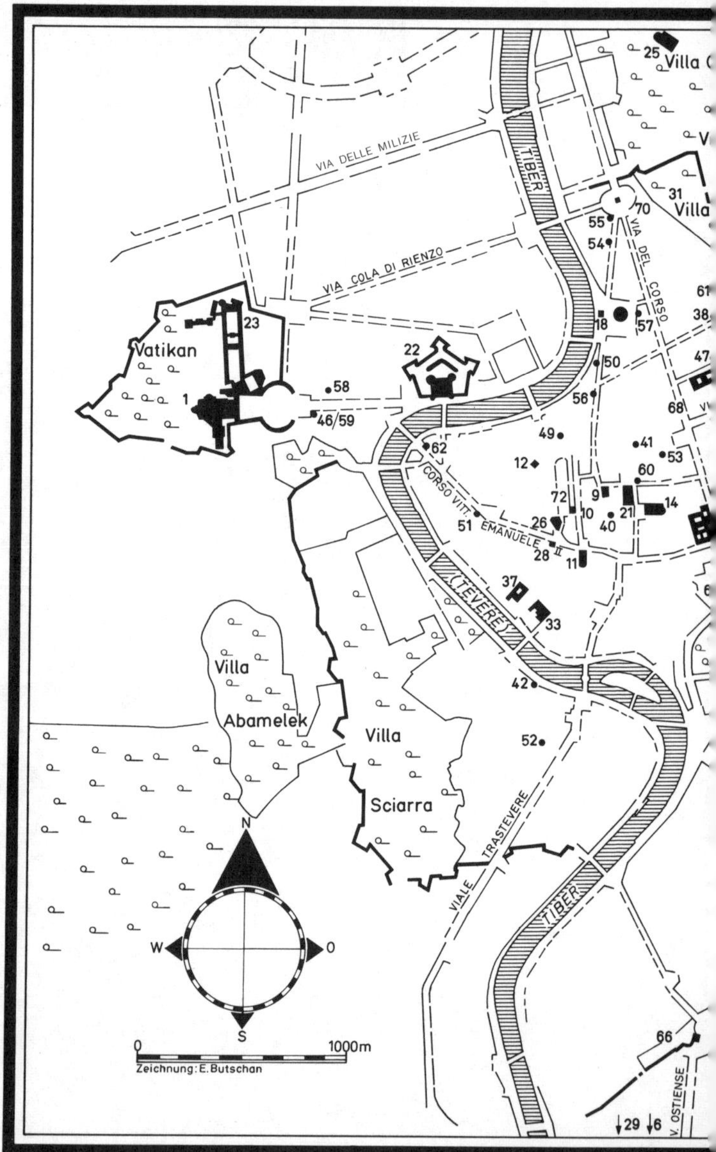
Vatikan
Villa Abamelek
Villa Sciarra
VIA DELLE MILIZIE
VIA COLA DI RIENZO
VIA DEL CORSO
CORSO VITT. EMANUELE II
TIBER
(TEVERE)
VIALE TRASTEVERE
V. OSTIENSE
N
W
O
S
0
1000m
Zeichnung: E. Butschan

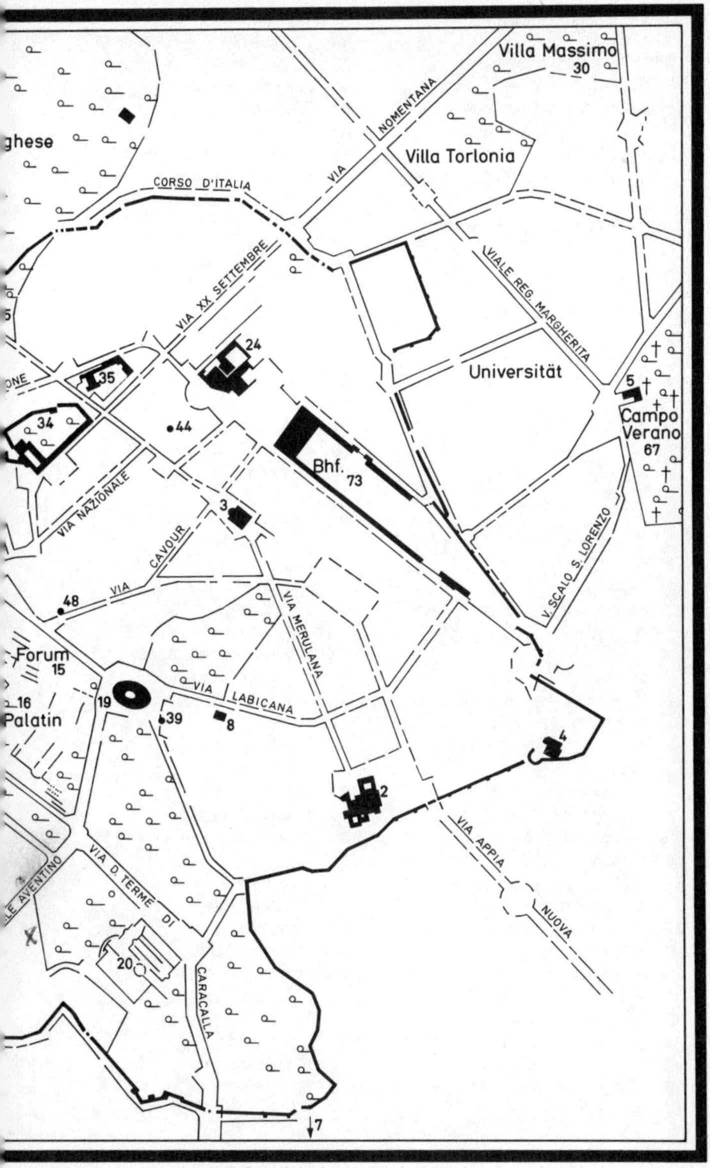

Villa Massimo
30
VIA NOMENTANA
Villa Torlonia
ghese
CORSO D'ITALIA
VIA XX SETTEMBRE
VIALE REG. MARGHERITA
24
Universität
35
ONE
5
Campo
Verano
67
34
44
Bhf.
73
VIA NAZIONALE
3
VIA CAVOUR
V. SCALO S. LORENZO
48
VIA MERULANA
Forum
15
16
19
VIA LABICANA
Palatin
39
8
4
2
VIA APPIA NUOVA
VIA D. TERME DI CARACALLA
LE AVENTINO
20
7

Legende s. S. 4

Die Sieben Hauptkirchen

1 S. Pietro in Vaticano (St. Peter)
2 S. Giovanni in Laterano
3 S. Maria Maggiore
4 S. Croce in Gerusalemme
5 S. Lorenzo fuori le mura
6 S. Paolo fuori le mura
7 S. Sebastiano ad Catacumbas

Andere wichtige Kirchen

8 S. Clemente
9 S. Eustachio
10 S. Ivo
11 S. Andrea della Valle
12 S. Maria della Valle
13 S. Trinità dei Monti
14 S. Maria sopra Minerva

Antike Denkmäler

15 Forum
16 Palatin
17 Capitol
18 Ara Pacis
19 Colosseum
20 Caracalla-Thermen
21 Pantheon
22 Engelsburg (Grabmal Kaiser Hadrians)

Museen

(auch 17) Capitolinisches Museum und Conservatorenpalast
23 Vaticanische Museen
(auch 1) Sabrinti von S. Pietro in Vaticano
24 Thermen-Museum
25 Museum der Villa Giulia
26 Museo di Roma
27 Keats-Shelley-Memorial
28 Museo Barracco
29 Museo della Civiltà Romana
30 Villa Massimo
31 Villa Medici
32 Villa Borghese (und Museum)
33 Palazzo Farnese
34 Quirinals-Palast
35 Palazzo Barbarini
36 Palazzo Doria
37 Palazzo Spada

Gastronomie

38 Caffè Greco
39 Caffè Martini
40 Bar Sant' Eustachio
41 »Bar Fortunato«
42 »Umberto«
43 »Sole al Pantheon«
44 »Quirinale«
45 »Hassler – Villa Midici«
46 »Columbus«
47 »Inghilterra«
48 »Forum«
49 »Portoghesi«
50 »Campana«
51 »Papok«
52 »Arco di Callisto«
53 »Piccola Roma«
54 »Albano Vecchio«
55 »Rosati«
56 »Alfredo« (Via della Scrofa)
57 »Alfredo« (Augusto Imperatore)
58 »Alfredo« (Vaticano)
59 »Pierdonati«
60 »Tazza d'Oro«
61 »Babington's Tea Room«
62 »Biancaneve«

Sonstige Monumente und Sehenswürdigkeiten

63 Vittoriale (»Schreibmaschine«)
64 Fontana Trevi
65 Spanische Treppe (und Piazza di Spagna)
66 Cimitero acattolico (und Cestius-Pyramide)
67 Campo Verano (Friedhof) 67

Praktische Hinweise, Straßen, Plätze

68 Via del Corso
69 Piazza Venezia
70 Piazza del Popolo
71 Hauptpost und Telefonamt (Piazza S. Silvestro)
72 Piazza Navona
73 Bahnhof Roma Termini

Über das Buch
Romführer gibt es viele. Wenn Herbert Rosendorfer jedoch zum Cicerone durch Rom wird, ist ein besonderes Erlebnis zu erwarten. Rosendorfer ist in dieser Stadt, die er wie ein langjähriger Liebhaber kennt und sich buchstäblich mit Kopf, Herz und Füßen »geläufig« gemacht hat, in seinem Element. Die Lust, Orte und Zeiten überraschend zu verbinden, Gegenwart durchsichtig und Geschichte aktuell zu machen, begleitet ihn auch hier auf Schritt und Tritt. Scheinbar ziellos folgt der Leser den Plaudereien, die aus lauter Abschweifungen bestehen. Aber in Rom führen alle Wege nach Rom, und unvermittelt findet man sich immer wieder auf dem imaginären Platz: *Piazza della storia di Roma*. Gespickt mit Kenntnissen und Ratschlägen zum Leben und Genießen in dieser Stadt, die laut Rosendorfer nicht nur *die Stadt*, sondern eine Welt ist, nimmt sich der Leser vor, die Einladung anzunehmen und Goethe zu folgen: »Auf Rom bereitet man sich am besten in Rom selber vor.«

Der Autor
Herbert Rosendorfer, 1934 in Bozen geboren, 1939 mit den Eltern nach München umgezogen, studierte an der Akademie der Bildenden Künste, wechselte danach zum Jurastudium. Seit 1969 zahlreiche Romane und Erzählungen. Lebt als Amtsrichter in München.

Weitere Titel bei K & W
Die Nacht der Amazonen, Roman, 1989.

Mitteilungen aus dem poetischen Chaos
Römische Geschichten, 1991

Die Goldenen Heiligen
oder Columbus entdeckt Europa, Roman, 1992

Ein Liebhaber ungerader Zahlen
Roman, 1994

Herbert Rosendorfer

Rom

Eine Einladung

Kiepenheuer & Witsch

Die Videokassette zum Buch mit gleichem Titel ist im
Georg Schmidbauer Verlag, Dachauer Straße 267, 80637 München
zum Ladenpreis von DM 49,80 erschienen

10. überarbeitete Auflage 1998

Umschlag Manfred Schulz, Köln
Umschlagfoto Helga und Victor Brauchitsch. Mit freundlicher Genehmigung des Herder-Verlages
Gesamtherstellung Clausen & Bosse, Leck
ISBN 3 462 02056 0

Meinem römischen Freund
Dr. Wilhelm Krammer
gewidmet

Das Besondere an Rom ist, daß es immer *Die Stadt* war. Die sonstigen Moden wechseln. Einmal ist New York, dann London, bei dem einen Amsterdam und bei dem anderen Bangkok *en vogue*. Das kommt und geht, Rom aber bleibt die Hauptstadt, die Seele, der Mittelpunkt der Welt: *die Stadt*, die Stadt schlechthin. *Urbs* sagten die alten Römer. *Urbs* mit Zusatz bedeutete irgendeine andere Stadt, *urbs* allein nur Rom.

Rom wurde im Jahre 753 vor Christi Geburt gegründet, so will es die Legende, so glaubte es schon Tacitus; das heißt: Rom wurde natürlich im *Jahr I* gegründet. Die Römer zählten *a.u.c.*: ab urbe condita – ab der Gründung der Stadt, und zwar noch lang bis ins VIII. Jahrhundert n. Chr. hinein. Vor der Gründung Roms war nichts oder jedenfalls nicht viel. Mit der Gründung Roms beginnt das Weltalter der Vollendung, und deren Hauptstadt ist Rom – Roma aeterna, die Ewige Stadt, *Urbs*. Das Gründungsdatum war übrigens schon im Altertum umstritten, es schwankte zwischen 746 und 753 v. Chr., aber das Datum 753 setzte sich als »Natalis urbis« (Geburtstag der Stadt) mit der Zeit durch, und so feierte im Jahre 248 n. Chr. der Kaiser Philippus mit dem seine Fragwürdigkeit bezeichnenden Beinamen »Arabs« (einer der zwielichtigsten Soldatenkaiser) das Millenium, das 1000-Jahr-Jubiläum. Das 2000-Jahr-Jubiläum wäre ins Jahr 1248 gefallen. Damals regierte einer der politisch maßlosesten Päpste: Innozenz IV. (1243–1254). Seine Regierungszeit war ausgefüllt mit Kämpfen gegen den Staufer. Der Papst setzte den Kaiser ab, der

Kaiser bestritt dem Papst das Recht, einen Kaiser abzusetzen. Die Kreuzzugsidee begann zu pervertieren, die Ungläubigen eroberten Jerusalem: eine turbulente Zeit. Die Stadt Rom war zerfallen und entvölkert, lag in ihrer tiefsten Erniedrigung; von einem 2000-Jahr-Jubiläum ist nichts überliefert. Wahrscheinlich hat gar niemand an dieses Datum gedacht. Im Jahr 2248 wird es anders sein, aber das wird weder der heutige Leser noch der Autor erleben – vielleicht auch die Stadt Rom nicht. Wenn es stimmt, daß durch den Treibhauseffekt und das Abschmelzen der Polkappen das Meer um 10 oder 20 Meter steigt, dann wird Rom zu seinem 3000. Gründungstag eine Unterwasserwelt sein, denn es liegt nur 13 m über Seehöhe. Der Geburtstag der Stadt wird übrigens am 21. April gefeiert, ein Datum, das der gebildete Vielschreiber und Polyhistor M. Terentius Varro (116–27 v. Chr.) auf sehr krummen Wegen errechnet hat.

753 v. Chr.: wer sich die Reihenfolge dreier aufeinanderfolgender ungerader Zahlen von 7 abwärts merken kann, behält auch das legendäre Gründungsdatum Roms im Kopf. 7 behält man leicht, wenn man an Rom denkt. Die heilige Zahl spielt in der Heiligen Stadt oft eine Rolle: sie ist auf den berühmten Sieben Hügeln erbaut – von denen noch die Rede sein muß –, und die Sieben Hauptkirchen, die auch noch erwähnt werden, sind das Ziel der frommen Rombesucher, sollten es zumindestens sein. Die Jahreszahl ist, wie erwähnt, legendär. Der archäologische Befund allerdings, die Datierung der ausgegrabenen Gebäudereste am Südabhang des Palatin – unter ihnen die sog. »Hütte des Romulus« –, deutet aber tatsächlich auf das VIII. Jahrhundert vor Christus, und so scheint also auch in dieser Legende ein historischer Kern zu stecken.

Rom, *Roma*, leitet, hieß es schon in der Antike, seinen Namen vom Gründer Romulus, dem ersten König von Rom, ab.

Wer das Museum des Conservatorenpalastes auf dem Capitol besucht, was unbedingt lohnend ist, findet dort die weltberühmte, vieltausendmal abgebildete *Lupa Capitolina*, die Capitolinische Wölfin, eines der Wahrzeichen Roms. Die Bronzeplastik gilt heute als (möglicherweise etruskische) Arbeit des VI. oder V. Jahrhunderts v. Chr. Die beiden Zwillinge, die die Wölfin säugt, wurden in der Renaissance von Antonio Pollaiuolo (um 1490) angefügt. Ich rechne Pollaiuolo (gelegentlich findet man auch die Schreibweise: Pollaiolo) zu den bedeutendsten Bildhauern Roms neben Michelangelo und Bernini, obwohl der gebürtige Florentiner in Rom nur mit drei Arbeiten vertreten ist: dem Sixtusgrab in der Sakristei von St. Peter, dem Innozenz-Monument im linken Seitenschiff von St. Peter (von beiden wird noch zu reden sein) und eben den nachträglich eingefügten Zwillingen der Lupa Capitolina. Bei diesen Zwillingen handelt es sich um Romulus und Remus, die die Königstochter Rhea Silvia als Alba Longa (in den Albaner Bergen, dort fahren heute im Sommer die Römer hin, wenn es in der Stadt zu heiß wird) nach einer Vergewaltigung durch den Gott Mars geboren hatte. Rhea Silvia setzte die Neugeborenen aus, aber Gott Mars ließ natürlich seine illegitimen Söhne nicht verkommen und schickte die säugende Wölfin, die die Knaben nährte. (Die Sage ist übrigens erst seit dem III. Jahrhundert v. Chr. nachzuweisen.) Später wurden sie von dem Hirten Faustulus und seiner Frau Acea Larentia (oder Larentina) aufgezogen. Schon in der Antike tauchte die ernüchternde Deutung dieser Sage auf: diese Acea Larentina sei, bevor sie den Hirten Faustulus geheiratet habe und tugendsam geworden sei, eine Dirne gewesen: eine *lupa*. So erkläre sich die unglaubwürdige Geschichte mit der Wölfin. Wieviel historische Wahrheit in dieser Sage steckt, werden wir wohl nie erfahren, und es sei dem wie ihm wolle: am 21. April 753 v. Chr. beschlossen die zu Jünglingen gewordenen Romulus und Remus, eine Stadt zu gründen. Remus stieg auf den Aventin, Romulus auf den Palatin. Sie vereinbarten: wer *mehr* Vögel sieht, wird Herrscher der Stadt. Remus sah 6 Geier, über Romulus' Palatin aber flogen 12: das ist das *augurium maximum*. Das Augurium, die Vogelschau, galt den Römern neben der Eingeweideschau (d. i.: der getöteten Opfertiere) als wichtigstes Mittel, Hinweiszeichen der Götter zu erlangen, günstige oder ungünstige Vorbedeutungen zu erfahren usw., also alles das, wofür heute die Astrologie gut ist. Es gab ein ausgeklügeltes System an Auguria und die eigene Priesterkaste der Auguren, die sich – wie anders – von Romulus, der die 12 Geier gesehen hat, herleitete. Die Auguren genossen großes Ansehen, aber sie waren auch Ziel des Spottes von nüchternen Zweiflern. Schon Cato vermutete, daß die Auguren sich das Lachen verbeißen müßten, wenn sie einander auf der Straße begegnen. Die Auguren, die auf Kosten der Abergläubischen leben, zwinkern sich zu. Manche meinen, das Augurenlächeln sei noch heute in Rom zu beobachten. Die Auguren heißen heute, sagen sie, Monsignori. Schließlich hat auch der Papst einen heidnischen Priestertitel übernommen: Pontifex maximus. So hieß der höchste römische Priester. Cäsar war Pontifex maximus, und von Augustus an führten alle Kaiser diesen Titel. Der schon genannte Varro meinte, Pontifex käme von *Pons* = Brücke und *facere* = machen, bedeute also: Brückenmacher, eine schöne Etymologie, die die Päpste natürlich gern hören – sie bauen Brükken für die Seelen ins jenseitige Paradies. Die Etymologie stimmt aber nicht. Das Wort kommt wahrscheinlich von einem anderen *pons*, was Pfad bedeutet. Der Pontifex maximus wäre also dann der Große Pfadfinder. Auch schön.

Zurück zum 21. April 753: Romulus hatte gesiegt. Er baute seine Stadt auf dem Palatin. Er nahm einen Pflug und furchte ein Quadrat: den Umfang der Stadt und den Verlauf der Stadtmauer. Dort, wo in der Mauer ein Tor sein sollte, unterbrach Romulus die Furche, indem er den Pflug ein Stück *trug*. Tragen heißt auf lateinisch *portare*, und daher heißt Tor *porta*. (Leider ist auch diese Ableitung fragwürdig, aber sie ist zu schön, um unterdrückt zu werden.) Im Lauf des Tages – das neue Rom, dieses Viereck: *Roma quadrata* war nicht sehr groß – führte Romulus dann die Stadtmauer auf. Remus, der seinem Bruder zeigen wollte, wie lächerlich diese Mauer ist, sprang höhnisch drüber. Da erschlug Romulus den Remus. Es war der erste politische Mord in Rom. Es sollten unzählige folgen, denen Kaiser, Consuln, Senatoren, Päpste, Bischöfe, Patrizier, Barone, Generäle, Revolutionäre, schöne Frauen, alte Hexen, junge Cavaliere und greise Gelehrte zum Opfer fallen sollten. Der letzte ist heute, 1991, sicher noch nicht begangen. Wollte man alle Namen der Mordopfer hintereinander schreiben, reichte dazu vielleicht die Aurelianische Mauer; das ist die immer noch an vielen Stellen aufragende mächtige Stadtmauer, die Kaiser Aurelian und seine Nachfolger 280–289 n. Chr. errichtet haben und die 18 837 m lang ist. (Aurelian selber gehört auch in die Liste der Opfer. Er wurde von seinem Sekretär Eros ermordet.) Oder zumindest die Servianische Mauer (auch von ihr sind, zum Beispiel am Aventin, noch Reste zu sehen), die angeblich vom sechsten König von Rom, Servius Tullius, in Wirklichkeit aber zu Anfang des IV. Jahrhunderts v. Chr. aufgeschichtet wurde. Sie ist auch immerhin schon 11 km lang. Von der Mauer der Roma quadrata droben auf dem Palatin freilich ist nichts mehr zu sehen. In allerjüngster Zeit wurde allerdings am Fuß des Palatin auf der Forumseite gegraben, und in der Nähe des Titusbogen sind Reste gefunden worden, die sich vielleicht der Roma quadrata zuordnen lassen könnten.

Rom, Roma: die wirkliche Herkunft des Namens ist strittig. Nur daß er nicht von Romulus kommt, darüber sind sich die Gelehrten einig. (Es ist vermutlich so, daß die Sage aus dem

Namen der Stadt den ihres angeblichen Gründers gebildet hat.) Uneinig ist man sich darüber, ob der Name eine lateinische oder eine etruskische Wurzel hat; die einen sagen, es bedeutet »Stadt des Flusses«, die anderen: es komme vom etruskischen Familiennamen Ruma. Es sei dem wieder, wie ihm wolle: am Anfang, als einer, den wir halt doch Romulus nennen wollen, die Roma quadrata erbaute, war die Gegend an der doppelten Tiberschleife eine ungesunde Sumpflandschaft. (Ungesund ist sie heute noch, Sumpf nur im politischen oder moralischen Sinn, aber das auch nicht mehr als anderswo.) Aus ihr ragten einige relativ trockene, bewaldete Hügel: die *Sieben Hügel Roms*.

Die Frage danach, wie die Sieben Hügel heißen und überhaupt: wieviel Sieben Hügel (acht? zwölf? vierzehn?) es gibt, wird nicht nur alle Römer, die in der Regel ihre Stadt überhaupt nicht kennen (fragen Sie nie einen Carabiniere nach einer Sehenswürdigkeit), sondern auch jeden Kenner Roms, vor allem aber jeden Altertumswissenschaftler und jeden Archäologen in Verlegenheit bringen. Die gängige Aufzählung beginnt mit dem Capitol, dann folgen jenseits des Forums Palatin und südlich davon, den Tiber flankierend, der Aventin. Wie drei Finger ragen dann ungefähr parallel von Nordosten her Quirinal, Viminal und Esquilin gegen Capitol und Forum herunter – *ragten*, denn der Viminal mußte den exzessiven Bebauungen in den Jahren 1880, 1890 der heutigen Via Nazionale entlang weichen und wurde so gut wie ganz abgetragen. Als siebter Hügel gilt vielfach (und wohl mit Recht) der Caelius (Monte Celio), der hinter dem Colosseum aufsteigt. Der bedeutendste Hügel, eigentlich eher schon ein Höhenzug westlich der Stadt: der Janiculus (Gianicolo) hat nie als römischer Hügel gezählt, weil er jenseits des Tiber liegt. Das rechte Ufer heißt: das tuszische oder etruskische Ufer, im Gegensatz zum lateinischen Ufer links. Das jenseitige Tiberufer zählte noch im XIII. Jahrhundert nicht zu Rom – mit Ausnahme des Stadtviertels Trastevere –, und, staatsrechtlich gesehen, begann in den Augen der mittelalterlichen Päpste an der Engelsburg Tuszien: die Toscana. Deswegen wurden die Römisch-Deutschen Kaiser auch nicht in der eigentlichen Hauptkirche Roms, der Lateran-Basilica, gekrönt, sondern in St. Peter, das am tuszischen Ufer, also außerhalb der Stadt, liegt. Es gab Fälle, in denen den Kaisern nach ihrer Krönung in St. Peter nicht gestattet wurde, die eigentliche Stadt zu betreten. Das hatte allerdings meist auch praktische Gründe: die Römer wollten das plündernde Gesindel, das die Kaiser als Gefolge dabei hatten, nicht innerhalb ihrer Mauern haben.

Nochmals zu den Sieben Hügeln: so bedeutende Erhebungen wie der Monte Pincio, auf den eins der berühmtesten Wahrzeichen Roms, die Scalinata di Piazza di Spagna (Spanische Treppe) hinaufführt, gekrönt von der doppeltürmigen Kirche Trinità dei Monti, die wiederum flankiert wird von dem ehemals weltberühmten Hotel Hassler-Villa Medici, der allerdings heute kaum noch als solcher zu bemerkende Vatican-Hügel, der Monte Mario, sie alle werden nicht zu den Sieben Hügeln gezählt. Aber selbst Esquilin, Viminal und Quirinal sind zweifelhaft. Auf dem Capitol steht eine der berühmtesten antiken Statuen: der reitende Kaiser Marc Aurel. Zehn Jahre stand nur der Sockel dort; Reiter und Pferd wurden heruntergehievt und restauriert. Seit 20. April 1990 ist das restaurierte Monument im Capitolinischen Museum untergebracht. Der Sockel draußen ist immer noch leer. Dort soll ein Abguß aufgestellt weden. Es ist zu hoffen, daß wir nicht weitere zehn Jahre auf die Aufstellung des Abgusses warten müssen. Das nebenbei. Wer in der Nähe des also heute immer noch pferd- und reiterlosen Sockels steht und am Senatoren-Palast vorbei die schmale Gasse zum Forum hinuntergeht, der bemerkt noch, daß er zwischen zwei Hörnern der Hügelkuppe steht. Das »Horn« rechts ist das eigentliche Capitol – dort stand der römische Haupttempel, der des Jupiter Capitolinus, von dem kaum noch Reste vorhanden sind – und links die *Arx*, heute überbaut von der Kirche S. Maria in Aracoeli, überragt von der immerwährenden Scheußlichkeit des Victor Emanuel-Monuments. Capitol und Arx zählten in der Antike, jedenfalls in der sehr frühen, als *zwei* Hügel. (Das »Tal« dazwischen hieß Asylium, weil dort ein Tempel des im übrigen recht rätselvollen Gottes Asylius stand, der eine gesetzlich garantierte Zufluchtsstätte war; daher unser heutiges Wort Asyl.) Auf dem Arx-Hügel stand der Tempel der Juno Moneta, der Mahnenden Juno. In der Nähe oder sogar in einem Nebengebäude des Heiligtums der Juno Moneta befand sich seit 269 v. Chr. die römische Münzpräge. Daher verschob sich der Begriff Moneta auf das Geld. Unser Wort Münze kommt daher. Lassen wir uns also gelegentlich, wenn wir eine Münze in die Hand nehmen, an die Juno gemahnen. (Der Staatsschatz des römischen Reiches – Aerarium Saturni – wurde im Saturntempel auf dem Forum von den Quaestores verwahrt.) Ähnlich ist es mit dem Palatin. Der wurde in ganz alter Zeit sogar als drei Hügel gerechnet: der eigentliche Palatinus (vom Süden her gezählt), Germalus und Velia, auf dem der Titusbogen steht. Es ist also das beste, wenn man auf die Frage: wie heißen die Sieben Hügel Roms? antwortet: das kommt darauf an; und: das ist eine sehr komplizierte Frage, die nicht mit einer Aufzählung von sieben Namen beantwortet werden kann.

Überhaupt ist die Topographie Roms sehr verzwickt, wie nicht anders zu erwarten bei einer Stadt, die sich ständig gewandelt hat und ständig umgebaut wurde. Das *Forum*, das viele hundert Jahre lang als Gerichts-, Versammlungs-, Markt- und überhaupt Begegnungsplatz das bürgerliche

Herz der Stadt war, leitet seinen Namen, so absurd das klingt, von *foris* = draußen, außerhalb, auswärts ab; *forum* also: der draußen befindliche Ort. Das muß man vom Ur-Rom, von der Roma quadrata her sehen: für die alten *Quirites* (so nannten sich die Römer gern, wenn sie vornehm redeten) auf dem befestigten Palatin war das sumpfige Forum *draußen*. Erst 150 Jahre nach der Gründung (also um 600 v. Chr.) wurde, so berichtet Livius, durch den Bau der *Cloaca Maxima* das sumpfige Gelände entwässert. Den mit Tuff-Blöcken ummauerten Ausfluß dieser Großen Kloake kann man in der Nähe der Tiberinsel noch sehen. Das Capitol schaute in der Antike, wenn man so sagen kann, zum Forum. Heute ist es umgekehrt, heute wenden die Bauwerke auf dem Capitol dem Forum den Rücken zu, und die beiden imponierenden Schautreppen, die altehrwürdige, steile Treppe zu S. Maria in Aracoeli und Michelangelos breitere, flachere *Cordonata* zum Capitolsplatz führen von Norden her auf den Hügel. Das kommt daher, daß sich im Lauf der Jahrhunderte die ganze Stadt sozusagen gedreht hat. Im antiken Rom waren die am dichtesten besiedelten und belebten Gebiete die Stadtviertel südlich, östlich und nordöstlich des Forums (u. a. die sog. Suburba, dort, wo heute der infernalische Verkehr in der Via Nazionale und in der Via Cavour tost). Das *Marsfeld*, also der ganze District im Tiberknie, nördlich des heutigen Corso Vittorio Emanuele bis zum Abhang von Quirinal und Pincio und hinaus bis zur Porta del Popolo (in römischer Zeit: Porta Flaminia), war wenig besiedelt, zum Teil freies Feld, in der Spätantike mit großen Staatsbauten: Tempeln, Monumenten, Parks, auch Bädern bedeckt. Man muß sich die südlichen und östlichen Stadtviertel als brodelnden Menschentopf vorstellen, das Marsfeld als stillen, vornehmen Marmorhain. Nur das Trastevere war immer schon und ist es heute noch: ein quirliger Platz, ein Viertel der kleinen Leute, die eine eigene Sprache sprechen. Seit dem Krieg allerdings ist es, wie in manchen anderen Städten auch, chic geworden, im Proletenviertel zu wohnen. Es ist Vergnügungsviertel geworden, es gibt dort die meisten Restaurants, an jeder Ecke locken kleine Boutiquen, in denen mehr oder weniger abstoßende Ohrringe und Gürtel verkauft werden, und auch einige der kleinen Privat-Theater finden sich in Trastevere.

Aber allmählich wurde – es muß so um das III., IV. Jahrhundert n. Chr. gewesen sein – auch das Marsfeld dichter besiedelt und gleichzeitig durch einen nicht ganz erklärlichen Gezeitenfluß der Bevölkerungsverschiebung das bisher stark bevölkerte Gebiet entvölkert. Im Mittelalter und noch bis weit in die Neuzeit hinein konzentrierte sich der Baubestand an Privathäusern – abgesehen vom Trastevere und den Borghi am Vatican – im Tiberknie, also in dem Stadtviertel um die Piazza Navona und das Pantheon bis etwa zur Linie des Corso. Man sprach von diesem Viertel sogar als von der *abitata* (= dem Bewohnten) im Gegensatz zu den anderen, verödeten Vierteln, die als die *disabitate* bezeichnet wurden. Das einstmals so belebte Forum, das Herz der Stadt und somit das Herz der Welt, war so *disabitato*, daß es (noch als Goethe 1786 Rom besuchte) mit Erde und Schmutz bedeckt, von Efeu überwuchert war, nur ein paar Säulen aus dem Boden ragten, an denen die Hirten ihre Kühe festbanden, denn die zwar melancholisch-schöne, aber ungesund-öde, stechmükkengeplagte Wiesen- und Buschlandschaft der Campagna reichte an dieser Stelle bis ans Capitol, und die Hirten konnten ihr Rindvieh hierher treiben und grasen lassen. Das Forum hieß deshalb damals Campo Vaccino (Rindvieh-Platz), und Grillparzer, beeindruckt durch den romantischen Mondschein über dieser verfallenen Pracht, hat 1814 ein großes, langes und wehmütiges Gedicht geschrieben, das *Campo Vaccino* heißt und in dem die romantische Bewunderung des malerischen Verfalls Ausdruck findet:

»Seid gegrüßt, ihr heiligen Trümmer,
Auch als Trümmer mir gegrüßt,
Obgleich nur noch Mondenschimmer
Einer Sonn, die nicht mehr ist.
. . . «

Wohl hat Grillparzer das Gedicht (und sein anderes großes Rom-Gedicht: *Colosseum*) nicht im Mondenschimmer auf dem Capitol sitzend geschrieben. Rom hatte kaum Straßenbeleuchtung zu der Zeit, und Grillparzer hätte seine eigenen Zeilen nicht gesehen, so finster war es. Vielleicht hat er es im *Caffè Greco* gedichtet, das es damals schon über 50 Jahre lang gegeben hat, und in dem alles verkehrt hat und gesessen ist, was Rang und Namen hatte, auch schon Goethe, der 1786 nach Rom kam und – mit Unterbrechungen: er reiste auch weiter nach Neapel und Sizilien – fast zwei Jahre blieb: die glücklichste Zeit seines Lebens.

Die Zahl der Dichter, Musiker, Maler und Bildhauer, die in Rom gelebt und gearbeitet haben, die Rom geliebt haben und die, wenn sie nicht hier bleiben konnten, die unnennbare, nie zu stillende Sehnsucht nach dieser Stadt in ihrer Brust zurückbehalten haben, die Zahl ist Legion. Goethe und Grillparzer wurden schon genannt, aber unzählige Namen kommen dazu: der Kunsthistoriker, Wiederentdecker (und verhängnisvolle Mißdeuter) der Antike, Winckelmann, die Maler Raphael Mengs und Angelica Kauffmann, der Bildhauer Thorwaldsen (er soll gesagt haben, als er gefragt wurde: »Sie kennen Rom wohl nun sehr gut?« »Nein, ich beginne es eben zu verstehen, ich war nur 30 Jahre dort.«), die Musiker Liszt und Wagner, dann Schopenhauer und Nietzsche, Gogol, Tschaikowsky und Hans Christian Andersen, Thomas Mann und Heinrich Mann und viele, viele andere, Engländer (vor allem Engländer: Keats und Shelley), Amerikaner

(Henry James), Franzosen, Tschechen, Polen, Russen... Mancher hatte das Glück, dort bleiben zu dürfen – für immer, und ihnen ist das widerfahren, was in den vielleicht schönsten Zeilen steht, die in deutscher Sprache über Rom geschrieben wurden:

> »Dulde mich, Jupiter, hier, und Hermes führe mich
> später, Cestius' Mal vorbei, leise zum Orcus hinab.«
>
> (Goethe, VII. Röm. Elegie)

Cestius' Mal: das ist die Pyramide des Cestius an der lärmigen Haltestelle *Piramide* (Betonung seltsamerweise auf dem a) an der Porta Ostiense. Dort liegt der stille, pinienschattige Friedhof, der einer der ergreifendsten Orte Roms ist. Er wird oft protestantischer Friedhof genannt, was nicht ganz stimmt, denn es sind auch Juden, Griechisch-Orthodoxe u. a. dort begraben, sogar Italiener, sofern sie – was selten ist – deklarierte Agnostiker waren: Antonio Gramsci liegt dort, der große, großartige Leidensmann des italienischen Antifaschismus. Ganz antik steht nur schlicht und in Latein auf dem Grab: *Cineri Antonii Gramscii.* »Gramscis Asche« – Pier Paolo Pasolini, bei dem immer vergessen wird, daß er nicht nur ein bedeutender Filmsregisseur, sondern auch ein großer Dichter war, hat seinen wohl wichtigsten Gedichtband so genannt: *Le ceneri di Gramsci.* Der Friedhof ist also ein Nicht-Katholiken-Friedhof, und so heißt er auch offiziell: *Cimitero acattolico.* Goethes Sohn ruht dort, Humboldts Kinder und viele Zelebritäten, die Hermes hier leise in den Orkus geführt hat. Keats, Shelley und Keats Freund Severn ruhen auch hier. Ihre Gräber sind vielleicht die schönsten, vielleicht die schönsten Gräber auf der ganzen Welt. Wer Glück hat und leise ist, sieht eine der Katzen, die sonst im Graben um die Pyramide spielen, auf einer umgestürzten Marmorsäule ruhn, die Pinien rauschen, der Verkehrslärm dringt nur leise in den umfriedeten Bezirk, der Efeu rankt sich an der verwitterten Mauer empor. Auf Shelleys Grabstein steht kein Name, nur: hier ruht einer »whose name was writ in water«. Hier wartet der Hermes mit gesenkter Fackel – wenn die Götter dir wohl wollen: auf dich. Und ganz in der Nähe ist das Grab des englischen Dichters und Malers Francis Scott Bradford (1898–1961), auf dem die schöne Zeile steht: »Home is where the heart is« – ja: wo das Herz ist, hier: in Rom. Um keine Tränen der Schönheit aufkommen zu lassen, etwas Nüchternes: ohne weiteres besuchen kann man den Cimitero acattolico nicht. Er ist nur zu bestimmten Zeiten geöffnet, und die wechseln, wie in Rom immer alle Öffnungszeiten.

Man kann gar keinen so neuen Rom-Führer dabeihaben, daß alle Öffnungszeiten stimmten. Ich verzichte daher in diesem Büchlein auf entsprechende Hinweise. Ich habe dem Verlag vorgeschlagen, einen Loseblattführer für Rom herauszugeben – Titel vielleicht: *Roma pràtica* –, wo wöchentlich die neuen Öffnungszeiten nachgeliefert werden und die entsprechenden Seiten ausgetauscht, wo auch verzeichnet ist, was an Sehenswürdigkeiten z. Zt. überhaupt nicht zugänglich, weil »in restauro«. Dieses ärgerliche Wort schlägt dem Rom-Besucher leider allzu oft entgegen: »in restauro« – im Umbau begriffen. Wenn es wahr wäre, wenn wirklich restauriert würde, könnte man ja nichts dagegen sagen, aber vielfach ist das »in restauro« nur eine Ausrede für Baufälligkeit, Personalmangel und allgemeine Schlamperei. Seit Jahren ist das kleine *Museo Barracco*, das ein einzigartiges Beispiel einer feinen zusammengebliebenen Sammlung eines römischen Adeligen ist, »in restauro«; das *Museo della Civiltà Romana* ist ebenso »in restauro« wie das *Museo di Roma*, was die beiden bedeutendsten Sammlungen zur Stadtgeschichte sind oder besser: wären, wenn zugänglich. Im ersten befindet sich das berühmte, oft abgebildete antike Stadtmodell von Gismondi, im anderen sind unter anderem zahlreiche Stiche und Veduten aufbewahrt. Ob das *Domus Aurea*, Neros »Goldenes Haus«, in dem jüngst große antike Fresken freigelegt wurden, jemals wieder der Öffentlichkeit zugänglich gemacht werden kann, ist fraglich. Das Domus Aurea war jener feenhafte Palast, von dem Sueton so moralisch angewidert wie phantastisch schwärmt: das Vestibül allein sei so groß gewesen, daß darin eine Statue des Kaisers von 35 m Höhe Platz gehabt habe, eine der Hallen habe eineinhalb Kilometer gemessen, der Speisesaal sei rund gewesen und seine Decke habe sich ständig gedreht. Als der Palast fertig war und Nero eingezogen sei, habe er gesagt, berichtet Sueton, er könne jetzt endlich anfangen, wie ein Mensch zu leben. Der Palast wurde schon von den Flaviern geplündert, zerstört und überbaut. Ganztägig geöffnet ist die Peterskirche, alle anderen Monumente, seien sie christlich, seien sie heidnisch, muß man zweimal besuchen. Nur der, dem das Glück lacht, findet sie beim ersten Mal geöffnet. Meistens aber findet man nur einen vom Custoden vielfach korrigierten Zettel mit dem *Orario* der Öffnungszeiten angeheftet. Das muß man sich dann notieren und zur angegebenen Zeit das zweite Mal hingehen. Dann ist, muß man gerechterweise und zur Ehre der römischen Custoden sagen, die Chance, das geöffnet ist, relativ groß.

Außer dem *Cimitero acattolico* (gelegentlich auch *Cimitero degli Inglesi* genannt) gibt es noch einen Sonderfriedhof: den *Campo Santo Teutonico*. Dort sind die *katholischen* Deutsch-Römer begraben, z. B. der romantische Landschaftsmaler Joseph Anton Koch. Dieser Friedhof, ein äußerst stiller, beschaulicher Platz, liegt ganz im Schatten St. Peters im Vatican. Dieser Campo Santo Teutonico und die anschließende Kirche S. Maria della Pietà sind staatsrechtliche Raritäten: sie befinden sich auf italienischem Staatsgebiet, sind aber nur vom Ausland aus (nämlich vom Vatican) zugänglich. Man muß links von der Peterskirche durch das Tor gehen und dort dem grimmig schauenden Schweizer Gardisten sagen, man habe eine Tante auf dem Campo Santo Teutonico liegen, und die wolle man besuchen. Dann läßt er einen durch und zeigt einem sogar den Weg. Man braucht den Schweizer Gardisten auch nicht auf Italienisch anzusprechen. Er versteht deutsch, denn er ist wirklich Schweizer. (Für Briefmarkensammler: man kann diesen Besuch mit dem des philatelistischen Büros der Vatican-Post verbinden, das sich nahe dem Friedhofseingang befindet.) Bemerkenswert ist auch der allgemein-katholische riesige Friedhof hinter San Lorenzo fuori le mura, der *Campo Verano*. Das ist eine überwältigende Ansammlung steinernen Trauer-Kitsches, die einen Besuch lohnt. Hier blicken hohläugige Admiräle in den Jenseits-Ozean, werfen sich prallbusige Gattinnen über den einen letzten Hauch ausströmenden Universitätsprofessor und ringen vor Schmerz ohnmächtige Engel in Lebensgröße über den Grüften gewesener Finanzoberinspektoren die Hände, und über allem wehen die pathetischen Cypressen, seufzen lautlos über den Verfall der Welt.

Aber wieder zu den Lebenden. Wohl alle, die jetzt auf den genannten Friedhöfen ruhen, namentlich die auf dem Cimitero acattolico und dem Campo Santo Teutonica, waren auch Gäste im *Caffè Greco*. Das Caffè Greco ist eine Institution besonderer Art. Es befindet sich in der Via Condotti, einer der nobelsten Einkaufsstraßen Roms (Bulgari, Gucci usw.), der Straße, die von der Piazza di Spagna weg zum Corso führt. Das *Greco* ist auf N. 86 und wurde 1760 von einem Levantiner gegründet, daher der Name. Das Gästebuch (es sind mehrere Bände) zählt die erlauchtesten Namen der europäischen Geistesgeschichte auf, und die allererlauchtesten sind auf den Wänden mit ihren Porträts oder mit Werken verewigt. Im sog. *Omnibus*, das ist der schmale weiße

Saal hinten rechts, saß König Ludwig I. als Kronprinz und hielt – Künstler unter Künstlern – Hof, und als er wegen Lola Montez abdanken mußte, zog er sich nach Rom zurück und wieder ins Caffè Greco. Der Omnibus ist heute klimatisiert und hauptsächlich mit deutschen Reliquien geschmückt. Das übrige Caffè ist rot, Samt und Seide, serviert wird auf kleinen Marmortischen von Kellnern im Frack. Die Kellner sind Gentlemen. Der berühmte greise Kellner »Nr. 1« ist seit einigen Jahren pensioniert. Carmine und Pietro sind würdige Nachfolger. Die Preise sind nicht niedrig – aber um diese aristokratisch-römische Atmosphäre zu genießen, darf einem nichts zu teuer sein. Wer – um ein Goethe-Wort abzuwandeln – wer das Caffè Greco nicht besucht hat, dem macht Rom nicht das vollständige Bild in der Seele.

Wir sind inzwischen schon weit von Romulus und Remus in die römischen Jahrhunderte abgeschweift. Verlassen wir also das Caffè Greco, nachdem wir vielleicht einen Caffè lungo (d. i. ein verlängerter Espresso mit doppelt soviel Wasser wie ein einfacher, immer noch sehr stark) getrunken und zwei, drei Tramezzini gegessen haben (dreieckige, mit Schinken, Käse, Fisch, Gemüse oder anderem belegte Sandwiches) und kehren über das noble Getriebe der Einkaufsstraßen und -gassen der Condotti, Bocca di Leone, Borgognona, dann Piazza San Silvestro, über Corso und Piazza Venezia – einer der zentralen Plätze der Stadt, seit 1911 vom Victor Emanuel-Monument, genannt: die Große Schreibmaschine, beeinträchtigt – zum Palatin zurück. (Ein Tip: auf der Piazza San Silvestro, einem umtriebigen Platz und wichtige Omnibus-Drehscheibe, befindet sich die Hauptpost und – was in Italien mit der Post nichts zu tun hat – das Telefonamt. Dort kann man in absolut sicher funktionierenden Kabinen mit korrektem Zählwerk jederzeit, auch sonn- und feiertags, bis spät in die Nacht hinein ins Ausland telefonieren und spart die unverschämten, um nicht zu sagen: verbrecherischen Telefongebühren der Hotels.)

Dort, am Palatin also, hat sich die Roma quadrata inzwischen über den ganzen Hügel ausgebreitet, hatte die – schon im X. Jahrhundert v. Chr. besiedelten – angrenzenden Hügel unterworfen, was wahrscheinlich in der Sage vom Raub der Sabinerinnen seinen Niederschlag fand, und hatte – nach der Überlieferung 508 oder 509 v. Chr. – die zur Tyrannei ausgeartete Herrschaft der vermutlich etruskischen Könige, der Nachfolger des Romulus, abgeschüttelt. Der letzte (siebte) soll Tarquinius Superbus geheißen haben. Der Befreier vom Joch war *Brutus*, der erste römische Republikaner.

Die römische Republik war allerdings keine parlamentarische Demokratie im heutigen Sinn. Man muß sie sich eher als Ständestaat mit Vorherrschaft einiger Adelsgeschlechter denken. Aber immerhin war sie ein einigermaßen gesicherter Rechtsstaat, und in ihrer Verfassung wurden das erste Mal in der politischen Geschichte der Menschheit die Regierungsmandate wirksam zeitlich limitiert.

Diese römische Republik, die natürlich ursprünglich ein Stadt-Staat war, funktionierte vierhundert Jahre lang. In diesen vierhundert Jahren breiteten die Römer ihre Herrschaft nahezu über den ganzen Mittelmeerraum aus, über Gallien und Germanien. Rom, die Stadt, war nicht mehr das Staatsgebiet des *Senatus Populusque Romanum*, wie man stolz firmierte (und wie es auch heute noch auf allen Kanaldeckeln und Feuermeldern steht: SPQR), sondern die immer größer, immer prächtiger werdende Hauptstadt der ganzen – damals bekannten – Welt. Daß bei diesem nun fast unübersichtlich gewordenen Reich die alte Stadt-Republik-Verfassung nicht mehr hinreichte, war klar. Es kam zur Krise des I. Jahrhunderts v. Chr., zur Umformung des Staates durch Cäsar und vor allem durch Augustus: die republikanische Verfassung wurde zwar nie formell aufgehoben, aber durch ein sehr kompliziertes, bewußt unklar gelassenes faktisches Herrschaftssystem überwölbt, das man *Prinzipat* nannte, das römische Kaiserreich, das in wechselvollen Schicksalen bis zum Beginn des Mittelalters überdauerte.

Für die Stadt Rom hatte diese Entwicklung eminente Bedeutung. Augustus rühmte sich, er habe eine Stadt aus Lehmziegeln vorgefunden und hinterlasse eine Stadt aus Marmor. Aber schon Cäsar hatte damit begonnen, die alten Tempel auf dem Capitol und am Forum zu erneuern und zu verschönern, und jeder Kaiser – sofern er lang genug regierte – setzte seinen Ehrgeiz darein, die Stadt mit Bauwerken zu schmücken, die nach Möglichkeit die Denkmäler aller seiner Vorgänger übertrumpfen sollten. So ist das Colosseum (in dem, entgegen der offiziellen katholischen Lehrmeinung, nie auch nur ein einziger Christ einem einzigen Löwen vorgeworfen wurde) ein Denkmal aus klassischer Zeit (Ende des I. Jahrhunderts n. Chr.), sind die monumentalen, düsteren Ruinen der Caracalla-Thermen eines vom Beginn des III. Jahrhunderts und die Ruinen der Diocletians-Thermen ein Überrest aus der späten Kaiserzeit vom Beginn des IV. Jahrhunderts. In die damals noch bedeutenderen Reste hat man nach Michelangelos Plänen Kirche und Kloster Santa Maria degli Angeli hineingebaut. Das Kloster ist heute das Thermenmuseum, neben den Vaticanischen und den Capitolinischen Museen das bedeutendste mit römischen Altertümern.

Das Leben im antiken Rom kann man sich gar nicht bunt genug vorstellen. Wahrscheinlich war es noch bunter und lauter als das heutige. In bezug auf die Einwohnerzahl gibt es nur Schätzungen: sie schwanken für das Rom der Zeit des Augustus, also um Christi Geburt, zwischen einer Million und zwei Millionen. Sie erreichte zur Zeit Kaiser Trajans (98–117) ihren Scheitelpunkt und begann von da ab wieder zu sinken. Als Kaiser Constantin, der als erster christlicher Kaiser bezeichnet wird, die Residenz endgültig aus Rom nach Byzanz (von da ab: Konstantinopel) verlegte, dürften nur noch 6–700000 Menschen in Rom gelebt haben. Im Mittelalter sank die Bevölkerung auf weniger als 50000, manche meinen, es seien sogar nur 10000 oder 12000 gewesen. In der Renaissance-Zeit begannen die Zahlen wieder zu steigen: als der neue Petersdom gebaut wurde (im wesentlichen im XVI. Jahrhundert), wurde er für 60000 Gläubige konzipiert, und das war ungefähr die damalige Bevölkerungszahl Roms. Sie stieg offenbar in den nächsten Jahrhunderten wenig, und erst als 1870 Rom dem neuen italienischen Königreich einverleibt wurde, erfuhr die Stadt eine Bevölkerungsexplosion, die im Grunde genommen bis heute anhält. 1860 – da war Rom noch die Hauptstadt des zu der Zeit schon ziemlich zusammengeschmolzenen Kirchenstaates unter der absoluten, auch weltlichen Herrschaft des Papstes – hatte Rom 180000 Einwohner, 1870 schon 225000, 1881 fast 300000 und 1896 eine halbe Million. Der Bauboom war gewaltig, die Bodenspekulationen nahmen kriminelle Formen an. Riesige Vermögen wurden verdient, weite Bevölkerungsschichten versanken ins Proletariat. Zolas Roman *Rom* gibt eine so anschauliche wie grausige Schilderung des Zustandes von Elend mit Gewalt auf der einen und mit Glanz und Verschwendung auf der anderen Seite. Auch das Stadtbild änderte sich. Gregorovius, der große deutsche Historiograph der Stadt Rom, lebte von 1852 bis 1872 dort, kehrte danach oft dorthin zurück. In seinen jüngst veröffentlichten Tagebüchern ist nachzulesen, wie einer, der Rom 1870 erlebt hat, es 1890 nicht mehr wiedererkannte. Zwar standen natürlich noch alle die berühmten Kirchen und Monumente, aber riesige Areale, ganze Gärten, Villen und Parks wurden überbaut, gewaltige Boulevards waren in die Stadt geschnitten worden und mit Gründerzeit-Mietkolossen gesäumt: die Via Nazionale, die Via Cavour, die Via Arenula, die Via Merulana u. a. Der Bahnhof Termini wurde gebaut, ein Netz von Straßenbahnen überzog die Straßen. Rom wurde binnen weniger Jahre von einer fast noch mittelalterlichen päpstlichen Residenz zu einer – damals – modernen Millionenstadt. Daß das soziale und ökologische Probleme mit sich brachte, ist klar. Manche wirken bis heute fort.

Die Infrastrukturen des kirchenstaatlichen Rom waren so rückständig wie die Regierung der Päpste. Noch Gregor XVI. (1831–1846) hat im Bau von Eisenbahnen sittliche Gefahren gesehen. »Chemin d'enfer« (Höllenweg, statt »chemin de fer«) hat er die Eisenbahn genannt. Nach 1870 wurde ein Verkehrsnetz aufgebaut, Pferde-, Dampf- und elektrische Straßenbahnen eingerichtet, heute längst alle durch Omnibuslinien ersetzt bis auf wenige Straßenbahnrouten, und hier seien ausdrücklich die Linien 13 und 30 erwähnt. Sie umfahren fast die ganze Stadt in einem Dreiviertel-Bogen: vom Viertel *Monteverde* im Südwesten (mit Umsteigen in eine andere Linie) bis zur *Piazza del Risorgimento* im Nordwesten nahe dem Vatican. Es ist ein Vergnügen, mit dieser Straßenbahn zu fahren. Man wähle dazu allerdings ruhigere Stunden des Tages, damit man im Wagen einen Sitzplatz bekommen und durch die meist infernalisch verstaubten Fenster hinausschauen kann. Die Fahrt, die gut und gern eine Stunde dauert, führt einen durch stille, ruhige Viertel, durch lebhafte Geschäftsstraßen, über Hügel und Täler, zweimal über den Tiber, an der schon erwähnten Pyramide des Cestius vorbei, am Aventin entlang, vorbei an Santa Croce in Gerusalemme, San Lorenzo fuori le mura und an der Universität. Das schönste Stück ist die Straße zwischen San Gregorio und dem Colosseum, wo die Bahn – in den Kurven schrecklich quietschend – dem uralten Clivus

Scauri folgt und über die grüne, stille Flanke des Caelius fährt, wo manche Katze im Schatten eines Busches schläft.

Es gibt selbstverständlich nicht nur am Clivus Scauri Katzen. (*Clivus* ist ein lateinisches Wort und bedeutet: ein Weg, der auf- bzw. abwärts führt im Gegensatz zu *via*, einem ebenen Weg.) Überall in Rom gibt es Katzen, die Katze ist ein römisches Tier, sie ist, neben der Capitolinischen Wölfin, das römische Tier schlechthin. Alle anderen Tiere: Tauben, Hunde, Ameisen, Küchenschaben, sind Ungeziefer. Das bedeutet allerdings nicht, daß die Römer Katzen gut behandeln. (Ausnahmen gibt es freilich, sie fallen in den Bereich der Sonderlinge.) Wie alle Südländer sind die Römer nur insoweit tierliebend, als man die Tiere essen kann. Es empfiehlt sich also, wenn man Katzen mag, immer einen Koffer mehr nach Rom mitzunehmen: den Koffer für Trockenfutter (*Brekkies* oder ähnliches), das man dann portionsweise verfüttert. Da man aus Gründen der Sicherheit (darauf wird noch die Rede kommen müssen) in den Außentaschen der Jacke ohnedies besser nichts bei sich trägt, kann man sie mit Brekkies füllen, die man dann verstreut. Wie gesagt: Katzen gibt es überall, es gibt vornehme Pontifical-Katzen, die zwischen der Rückseite des Petersdoms und der kleinen Kirche S. Stefano degli Abissini ihre Jungen aufziehen, und es gibt zerrupfte Exemplare, die auf dem Dach eines Autowracks in irgendeiner Gasse des Pigna-Viertels sitzen und ständig ihr Dasein verteidigen müssen. Wieviele Katzen es in Rom gibt, weiß natürlich kein Mensch. Ab und zu – auch das muß leider berichtet werden – vergiftet die Stadtverwaltung (SPQR) einige Zehntausend. Das ist unschön, natürlich, schafft aber denen, die entkommen sind, wieder Luft. Das, was einer der übelsten Päpste versucht hat: die Katzen in Rom ganz auszurotten, ist selbstverständlich nie gelungen und wird nicht gelingen. Die Katzen stehen unter dem Schutz der Isis, die ihren Tempel auf dem Areal zwischen Pantheon und Collegio Romano hatte; dort steht auch die einzige gotische Kirche Roms: Santa Maria sopra Minerva: »Sankt Maria über dem Minervatempel«, ein Name, in dem sich das christliche im heidnischen Rom spiegelt. Allerdings ist das ein Irrtum, denn eben der vermeintliche Minervatempel, auf dem diese Marienkirche erbaut ist, war der Isis-Tempel; und, was wieder die Katzen betrifft, die Isis ist religionsgeschichtlich eine nicht sehr entfernte Cousine der Madonna. Der genannte verruchte Papst, der deswegen sicher in der Hölle schmort, war Innozenz VIII. (vorher Giovanni Battista Cibò, 1484–1492), der übrigens auch die Inquisition und die Hexenverbrennung eingeführt hat. Unverdientermaßen hat er eins der schönsten Grabdenkmäler in der Peterskirche: am zweiten Pfeiler links, von der Hand des schon erwähnten Meisters Antonio Pollaiuolo. Der merkwürdige Gegenstand, den der Bronze-Papst hochhält, ist keine Maurerkelle und auch kein Waffeleisen, sondern die Spitze der Lanze, mit der Longinus den Erlöser in die Seite gestochen hat. Warum ausgerechnet dieser widerwärtige Innozenz VIII. die Ehre hat, diese Reliquie hochzuhalten, ist eine ganz lange und spannende Geschichte, die viel zu kompliziert ist, um sie hier in dem kleinen Büchlein zu erzählen.

Abgesehen also von den zahlreichen sozusagen solitär auftretenden Katzen überall im Rom gibt es gewisse von Katzen bevorzugte Plätze: das Colosseum, wo sie in den von Gittern abgesperrten Gewölben – wenn man so sagen kann – nisten, an der Cestius-Pyramide, wo ihnen manchmal Freunde Innereien-Abfälle von den nahegelegenen Großmarkt-Hallen hinunterwerfen, am Grabmal des Augustus, wo es offenbar tiefunterirdische Verstecke gibt, am Largo Torre Argentina, wo sie sich in den unzähligen Winkeln und Nischen der sog. Republikanischen Tempel verbergen können (die Katzen vom Largo Torre Argentina waren die Lieblingskatzen der großen, bewundernswerten Anna Magnani, der »Mamma Roma« in Pasolinis herbem und schönem Film; angeblich ist sie bis zu ihrem Tod regelmäßig hierhergegangen, um *ihre* Katzen zu füttern und mit ihnen zu reden), und – meine Favoritkatzen – in den noch weit tiefer als das heutige Straßenniveau liegenden Überresten der Gladiatorenschule, des *Ludus Magnus* an der Ecke Via Labicana, Via San Giovanni in Laterano und Piazza del Colosseo. Wer diese Katzen beobachtet, wird ohne Zweifel ihre Kraft und Beherztheit erkennen, die wohl die Aura der Gladiatoren verleiht, die ganz leise und von fern dort unten noch weht.

Gleich daneben liegt das Caffè *Martini*; wenn man die Katzen gefüttert hat, kann man sich dort hinsetzen und ausruhen. Architektonisch oder kunstgeschichtlich ist das Caffè Martini zugegebenermaßen nicht von Bedeutung, aber erstens gibt es dort Münchner Bier vom Faß (das italienische Essen und Trinken ist bekanntlich das beste der Welt, manche meinen – der Verfasser dieses gehört dazu –: das *einzig* genießbare, nur: das italienische Bier ist nicht jedermanns Sache), es fährt die hervorragende Straßenbahn der Linien 13 und 30 vorbei, jeder Wagen anders, jeder Wagen quasi ein (allerdings meist wenig gewürdigtes) Juwel der Transportgeschichte, so nahe, daß man die Füße einziehen muß, wenn man an den Tischen vor der Bar heraußen sitzt, was man aber tun sollte, denn der so kontemplative wie aufregende Blick auf das gegenüberliegende Colosseum ist nicht anders als gigantisch und ergreifend zu nennen, namentlich, wenn man nach einem heißen Besichtigungstag in Staub und Mühe hier im Schatten vor einem kühlen Bier sitzt. Je nach Jahreszeit zwischen fünf und sieben Uhr geht die Sonne hinter dem Palatin unter und beleuchtet den grauen Stein des Colosseums, der davon – für einige Minuten – wie von innen golden und rosig zu leuchten beginnt, ein Schauspiel von unbeschreiblicher Schönheit, das mit Worten nicht und nicht mit Photographien wiedergegeben werden kann. Raffael, der – ich zweifle nicht – einst auch vor dem »Martini« gesessen ist (mag sein, es hat damals anders geheißen) und dieses Phänomen beobachten konnte, hat dieses golden-rosige Leuchten im Gewand der Sibylla Persica auf dem Wandbild in der Kirche Santa Maria della Pace wiedergegeben. Er war wohl der einzige, der das konnte.

Die Linie 13 fährt vorüber, quietscht gräßlich in der Kurve zur Via Labicana, verdeckt einen Moment den Blick auf den gold-innen-schimmernden Stein des Colosseums und bringt uns zurück zu Nüchternem: das öffentliche Verkehrssystem Roms ist vorzüglich. Es ist nicht zuviel gesagt, wenn man behauptet, es verkehre von jedem wichtigen Punkt zu jedem wichtigen Punkt der Stadt eine Buslinie (es sind dies die orangen Busse der ATAC, der städtischen Verkehrsbetriebe), und die Busse fahren auch in der Nacht relativ oft. In vielen Straßen haben sie gesonderte Bus-Spuren, so daß die Busse schneller vorankommen als der Individual-Verkehr. Freilich: in der absolut diabolischen römischen Rush-hour sind die Busse auch nicht gefeit davor, im unglaublich stinkenden Stau steckenzubleiben. Dann hilft nur Geduld, und es ist gut, wenn man vielleicht eins der Bücher dabei hat, die ich im Anhang erwähnen werde, und während man also steht, kann der Geist über die Vergangenheit der Ewigen Stadt hinwegfliegen.

Die Busfahrten sind billig, heute – 1991 – 800 Lire die Einzelfahrkarte; man kann allerdings mit der einen Karte nicht umsteigen, muß dazu eine zweite entwerten. Dafür kann man mit einer Karte, sofern man in der Linie bleibt, oft quer durch Rom fahren, stundenlang. Die Karten muß man entweder in kleinen grauen Häuschen an den Endhaltestellen oder gewissen Knotenpunkten kaufen oder in durch das Schild ATAC besonders ausgewiesenen Tabakläden. Es gibt auch Tageskarten, und sehr günstig und kaum bekannt ist die *Tessera Settimanale*, die eine Woche gilt und nur 10000 Lire kostet. Sie gibt es u. a. am Busknotenpunkt am Bahnhof Termini und an der Endhaltestelle der Linie 64 beim Petersplatz. Eine spezielle Linie ist der Bus 119, ein Rundkurs, sozusagen das innere Gegenstück zu den Trambahn-Linien 13 und 30, der von der Piazza Augusto Imperatore durch oft haarsträubend enge Gassen einen Kreis beschreibt, am Pantheon vorbei, über Corso, Piazza di Spagna (wo man in unmittelbarer Nähe des Caffè Greco eine Haltestelle hat), Piazza del Popolo zurück zum Augusto Imperatore: eine besonders schöne und preiswerte Stadtrundfahrt. (Dieser Bus 119 wird übrigens umweltschonend elektrisch betrieben.)

Linienführung und Haltestellen ändern sich allerdings oft. Man muß sich aktuell informieren, oft stimmt der Plan vom vorigen Jahr nicht mehr; wer sich aber die Mühe dieser Information macht, kommt weit billiger und vor allem schneller vorwärts als mit dem Taxi. Wenn man aber trotzdem ein Taxi nehmen will, dann *nur* die konzessionierten: die sind gelb, tragen eine Nummer und sind mit einer Taxameteruhr ausgerüstet. Überall, wo Fremde zu vermuten sind, bieten nichtkonzessionierte Taxifahrer, die behaupten, billiger zu sein, ihre Dienste an. Es handelt sich samt und sonders um Betrüger. Die Beschickung der Taxistandplätze in Rom ist übrigens, wie vieles in der Stadt, rätselhaften Gesetzen unterworfen. Während irgendwo in der Stadt, am Pincio meinetwegen, sich müßige Taxifahrer drängen und kaum mit ihren Wagen Platz haben und sich die Zeit damit vertreiben, über die Siegeschancen von *Roma* oder *Lazio* zu diskutieren (das sind die zwei maßgeblichen Fußballclubs, die die *tifosi* - die vom Fußball-Typhus Ergriffenen – in zwei große Lager teilen), währenddessen warten auf dem Platz vor Roma Termini, wo auch die Busse vom Flughafen ankommen, Hunderte von Leuten, und es ist weit und breit kein Taxi zu sehen. Wiederum hilft nur Geduld.

Die schon begeistert erwähnte Trambahn kann man mit der Settimanale auch benutzen, nicht aber die U-Bahn, die *Metropolitana*. Es gibt nur zwei U-Bahn-Linien: A und B, die schmutzig, billig und schnell sind. Die blauen Busse, auf denen ACOTRAL steht, gehören zu den Linien, die in die Umgebung hinaus führen. Sie verkehren außerhalb des Geltungsbereichs der Settimanale und verbinden Rom mit Frascati, Tivoli, Palestrina, Ariccia, Genzana, Velletri usw.

Seit 1990 gibt es ein weiteres für den Touristen wichtiges Verkehrsmittel: die direkte Zugverbindung vom Flughafen *Leonardo da Vinci* in Firmicino zur Station *Ostiense*. Die Züge, nagelneu und bequem, verkehren alle 20 Minuten, fahren unterm Dach des Flughafengebäudes ab, und die Fahrt, die 25 Minuten dauert, kostet 5000 Lire. Zum Vergleich: die Taxifahrt dauert je nach Verkehrslage dreiviertel bis eineinhalb Stunden und kostet etwa 50000 Lire.

Wir kehren – vielleicht von einem Ausflug mit dem ACOTRAL nach Tivoli, wo im Garten der idyllischen Villa d'Este die schon von Liszt in einem Klavierstück beschriebenen Wasserspiele plätschern und wo die Reste der großartigen Hadrians-Villa stehen – zurück und dahin, wo wir oben stehengeblieben sind: bei der Bevölkerungszahl von fast einer halben Million im Jahr 1896. In den nächsten vierzig Jahren stieg die Bevölkerungszahl um eine glatte Million an. (1938: 1,57 Millionen.) Der Bauboom hatte allerdings etwa mit Beginn des Ersten Weltkrieges seinen Scheitelpunkt erreicht. Mit der Scheußlichkeit des sog. *Vittoriano*, das im Jahr 1911 fertig und eingeweiht wurde, setzte sich die Zerstörung des mittelalterlichen und päpstlichen Rom selber das krönende Denkmal. (Das Monument gilt dem ersten König von Italien: Vittorio Emanuele II. Wie der *erste* König Italiens gleich der *römisch-zweite* sein konnte, ist auch so ein Trick der in Rom nie so recht beliebt gewesenen Sovoyarden: die italienischen Könige aus dem Haus Savoyen zählten die vergangenen Könige von Sardinien mit. Wieweit dieser Vittorio Emanuele II. tatsächlich ein um die Einigung Italiens verdienter Herrscher war, ob nicht eigentlich dem Garibaldi oder dem Conte Cavour der Platz auf dem Vittoriano gebühre und ob überhaupt die Einigung Italiens, das *Risorgimento*, ein Verdienst war, sind weite Felder von Fragen, die hier nicht beantwortet werden können.) Nur noch einmal, unter Mussolini, schlug man Rom eine ähnliche Bauwunde: die (1933 eröffnete) »Via dei Fori Imperiali«, die vom Colosseum in gerader Linie zur Piazza Venezia führt. Sie fällt zwar nicht so auf wie der Vittoriano, aber sie zerteilt die Foren in brutaler Weise und hat zahllose archäologische Denkmäler unter Asphalt begraben. Mussolini hat diese rücksichtslose Schneise, eine breite, sechsspurige Straße, legen lassen, angeblich, um dem Verkehr aus den vielbevölkerten Vierteln am Caelius und um S. Giovanni in Laterano ins Zentrum zu dienen, in Wirklichkeit, um Platz für seine Aufmärsche zu schaffen, an denen ihm mehr lag als an den Proportionen des Stadtbildes und dem Wert der Altertümer, die sich gerade hier häuften. Es gibt immer wieder Pläne – auch im Zusammenhang mit dem Umweltschutz und der Verkehrsberuhigung –, die »Via dei Fori Imperiali« wieder zu beseitigen. Das schönste Projekt wurde unlängst ventiliert: einen großen archäologischen Park- und Fußgängerbereich aus dem ganzen Areal zwischen Esquilinabhang, Colosseum, Palatin, Forum und Capitol zu schaffen. Ob das je Wirklichkeit wird, ist natürlich die Frage. Daß dabei gleichzeitig das Vittoriano wieder abgebrochen würde, wage ich nicht zu hoffen. Der Architekt dieses Augenschrecks hieß übrigens Sacconi, und ich behaupte, daß dieser Sacconi Rom genauso geschadet hat wie ein fast namensvetterliches Ereignis: der *Sacco* di Roma (1527), wo es unseren Landsleuten, den Landsknechten Kaiser Karls V., fast gelungen ist, nach der Eroberung Roms die Stadt plündernd auszulöschen und die Bevölkerung auszurotten. (Wer gute Nerven hat, mag die Schilderung der gräßlichen Ereignisse bei Gregorovius im letzten Band nachlesen; sie geht zum Teil auf den dummdreisten Bericht eines schwäbischen Landsknechts zurück, der dabei war.) Zu Sacconi: es muß gerechterweise gesagt werden, daß das Denkmal an sich zwar protzig und formal hohl, außerdem optisch aggressiv ist (es ist nicht aus Marmor, der wäre milder und grau geworden, sondern aus billigerem Botticino-Kalkstein, der weiß bleibt), daß aber einzelne Details durchaus feine Jugendstilarbeiten sind. Das Schlimme an dem Denkmal ist, daß es nicht irgendwo in der Poebene steht, sondern eben mitten in Rom, und den ehemaligen Hauptakzent der Stadtmitte, den Capitol-Hügel, anmaßend überragt und entwertet. Dieser Sacconi muß Sinn und Maß für Proportionen wie ein Mutterschwein gehabt haben (das sich bekanntlich wegen seines schlechten Augenmaßes immer auf die Ferkel legt), aber man kann nichts mehr machen. Italienische Patrioten würden aufjaulen, wenn man es abrisse, japanische Touristen halten es für antik, und viele Italiener, die von außen in ihre Hauptstadt kommen, behalten nichts als dieses Vittoriano und vielleicht die bombastische Wachablösung vor dem *Milite Ignoto* (dem Unbekannten Soldaten) dort in Erinnerung. Das eigentliche Denkmal, also das Reiterstandbild jenes erwähnten Vittorio Emanuele II., obwohl 12 m hoch, verschwindet fast, weil es von einem Halbrund aus Säulen umfaßt und seitlich von zwei Flankentürmen überragt wird; alles in allem sieht es aus wie eine jener alten, hohen Schreibmaschinen, und so wird das Unding im Volksmund auch genannt: die treffende Bezeichnung stamme, sagt man, von Henry James. Als wahrer Freund Roms gibt es eigentlich nur zwei Möglichkeiten, mit der »Schreibmaschine« fertig zu werden: man erzieht sein Auge dazu, die optische Katastrophe nicht mehr zu sehen (wie es Eckard Peterich empfiehlt), oder man findet sie schön. Dazu ist eine ganz leise, weil kraß häretische Anmerkung zu machen: im Kern ganz unrecht haben die erwähnten Japaner, die das Gebäude für antik halten, nicht. Es ist zu vermuten, daß manche der Gebäude, die Augustus und seine Nachfolger in Rom aufführen ließen, in ihrem vordergründigen Prunk, in ihrem Schwelgen in protzigem Schein, vor allem in ihrer rigorosen Gedrängtheit auf Forum und Palatin auch nicht viel besser waren als das Vittoriano und vielleicht auf uns, würde das alles plötzlich auferstehen, einen ähnlich verheerenden Eindruck machten. Die edlen Reste der römischen Vergangenheit, die heute vor uns liegen, sind bis zu unseren Augen durch den mildernden Sekundäreffekt der Ruinosität gegangen, was wir möglichst nicht vergessen sollten.

Nochmals zur Bevölkerungszahl: in den auf 1938 folgenden 40 Jahren hat sie sich noch einmal fast verdoppelt. Für den 31. Dezember 1975 wurde die offizielle Einwohnerzahl mit 2874838 ausgegeben. Da natürlich eine bedeutende Dunkelziffer illegal hier Wohnender anzunehmen ist, dürfte die wahre Zahl weit höher liegen. Seitdem stagniert die Zahl zum Glück. Dennoch sind die sozialen und ökologischen Probleme, die diese Zuwanderungen (hauptsächlich aus Süditalien und Sizilien) aufgeworfen haben, noch längst nicht gelöst, und sie werden sich wohl auch nie lösen lassen, es sei denn durch Abwanderung, die aber natürlich nicht zu erwarten ist. So zieht sich um fast ganz Rom ein Gürtel von Halb-Slum-Siedlungen (»Borgate«), freudlosen Sozialwohnungen und Bauruinen, und in Vierteln wie Tor Bellamonaca, Trullo, Tiburtino Terzo sind die sozialen Spannungen groß, Drogen werden dort gehandelt (leider allerdings nicht nur dort), die Kriminalität ist größer als anderswo in Rom. Der Besuch dieser Viertel kann nicht empfohlen werden, lohnt ja auch nicht.

Man kann Rom auf vielerlei Weise kennenlernen. Jeder wird sich, wenn er es überhaupt will, mit dieser Stadt in seiner eigenen Art anfreunden. Für jeden ist diese Stadt, und das ist vielleicht der Zauber an ihr, eine andere: *Mamma Roma*, die auch für jedes ihrer Ziehkinder eine eigene Art hat, mit ihm zu reden. Eine der Arten, Roma kennenzulernen, ist, ziellos kreuz und quer durch die dreizehn Stadtteile (Rioni) herumzulaufen, bis sich das Gehirn dem Stadtplan angepaßt hat. Das ist vielleicht keine wissenschaftliche, keine zeitsparende, aber eine animalische Weise, die Topographie zu erforschen. Das Büchlein hier macht es ähnlich. Der Leser wird gemerkt haben, daß es aus Abschweifungen besteht, und irgendwo hat es die Erzählung vom Lauf der Geschichte verlassen, um, wie es ihm eben eingefallen ist, in eine im Augenblick interessantere Seitengasse abzubiegen. Und wie bei einer solchen ziellosen Stadtwanderung verblüfft es, wenn man plötzlich und unerwartet aus einer anderen kleinen Seitengasse wieder auf den großen Platz trifft, den man spielerisch verlassen hat. Der (imaginäre) Platz heißt: *Piazza della storia di Roma*, ist groß, weit, unübersehbar, von Trümmern übersät, es sind Schichten auf Schichten getürmt, und jeder Stein spricht von Pracht und Herrlichkeit, aber auch von Grausamkeit und Leid.

Um 1940 hatte Rom nach fast zweitausend Jahren die Bevölkerungszahl erreicht, die es zur Zeit des Augustus gehabt hat, zu seiner klassischen Glanzzeit, als es, eingebettet in ein riesiges Reich mit einem Kranz von Provinzen, die nur dazu da waren, es zu versorgen, in Wohlstand und sogar Üppigkeit und vor allem in Sicherheit lebte, in so sorgloser Sicherheit, daß die Servianische Mauer verfiel. Nur Friedenswerke schmückten Rom: Pax Augusta, der Kaiserfriede, waltete über der Stadt. Daß das ein trügerischer Friede war und daß auch im Rom des Kaiserfriedens nicht alles Gold war, was glänzte, braucht wohl nicht gesagt zu werden. Es ist hier nicht Platz genug, um die ganze verwickelte Geschichte der Stadt aufzurollen. (Gregorovius hat für den Ausschnitt der gut tausend Jahre von 300 n. Chr. bis ca. 1500 vier dicke Bände gebraucht.) Der mittelalterliche Verfall Roms begann, als Kaiser Constantin die Residenz endgültig nach Byzanz verlegte. Selbst die nachfolgenden weströmischen Kaiser residierten nicht mehr in Rom, sondern in dem aufstrebenden Mailand. Als das weströmische Reich 476 unterging, wurde Italien byzantinische Provinz, Rom wurde nicht einmal die Provinzhauptstadt, das wurde Ravenna, wo schon früher (406) nach der letzten Reichsteilung Kaiser Honorius residierte. Dort hatten auch die Gotenkönige Italiens ihren Sitz; die Langobardenkönige, die nachher 200 Jahre über Italien herrschten, regierten von Pavia oder von Mailand aus. Dennoch blieb Rom, *die Stadt*, das ideelle Zentrum des Reiches, und die Kaiser nannten ihr Reich nach ihr. (Noch Konstantinos XIV., der letzte Imperator in Byzanz, der 1453 bei der Eroberung durch die Türken fiel, nannte sich *Basileios der Rhomäer*, also Kaiser der Römer, und Kaiser Franz II. aus dem Haus Habsburg-Lothringen titulierte sich bis 1806 Römischer Kaiser Deutscher Nation.) Aber das verblaßte zusehends zum bloßen Symbol. Die Stadt selber verfiel. Man hat den Eindruck, daß die Regierenden einige Jahrhunderte lang über der immer noch großartigen Idee die reale Situation des Gemeinwesens innerhalb des bald zu groß werdenden Aurelianischen Mauerrings vergaßen. Die Regierungen hatten kein Interesse und kein Geld, die aufwendigen Tempel, Bäder, Theater und Wasserleitungen in einer immer mehr entvölkerten Provinzstadt zu erhalten. Einige verheerende Plünderungen und Belagerungen (etwa die von 525 durch die Vandalen, wovon unser Wort Vandalismus kommt) taten das Ihrige zum Verfall. Kaiser Justinian I. (527–565) schaffte das Consulen-Amt ab, womit auch de jure die de facto längst ohne Bedeutung gebliebene römisch-republikanische Verfassung klanglos unterging. Zwar gab es noch einige altehrwürdige Familien in Rom (sogar heidnische), die versuchten, auf den Trümmern der Tempel Ehre und Würde der Scipionen, des Brutus und Cato aufrecht zu erhalten, aber die Versuche versandeten zusehends. Ende des IV. Jahrhunderts zerstörte ein Blitzschlag die Victoria-Statue in der Curia auf dem Forum, dem Versammlungsort des Senats. Der Senator Symmachus wurde bei Kaiser Valentinianus II. in Mailand vorstellig, um die Wiedererrichtung des altehrwürdigen Standbildes genehmigt zu bekommen. Der heilige Ambrosius, ein besonders unsympathischer Eiferer, heizte dem Kaiser so ein, daß der diese wirklich bescheidene Bitte des edlen Heiden Symmachus abschlug. Überhaupt benahm sich die christliche Kirche, kaum daß sie selber den Verfolgungen entgangen war, ziemlich schlecht, und die Verfolgungen, die sie nun – die eigenen Leiden offenbar schnell vergessend – über die heidnisch gebliebene Bevölkerung und sehr rasch auch über die Juden brachte, standen den vergangenen Christenverfolgungen nicht nach. Die Zeiten änderten sich, verschränkten sich aber auch: während der Romulus-Tempel gebaut wurde, stand die erste Lateranbasilika schon. Aber bald war es nicht mehr hoffähig, Heide zu sein. In Rom breitete sich im absterbenden Kaiserglanz das aus, was der Stadt für die folgenden gut tausend Jahre geistigen Inhalt, politische Turbulenzen, aber auch den Glanz großer Kunstwerke geben sollte: das Papsttum.

Der erste Bischof von Rom sei, glaubt der Papst, der heilige Petrus gewesen, jener Fischer Simon Bar Jona vom See Genezareth, den der Erlöser als ersten zum Jünger berufen hatte und den er als Fels bezeichnete, auf dem die Kirche zu bauen sei, und dem er die Schlüssel übergab, die heute noch – neben dem SPQR – in Wappen und Kartuschen in ganz Rom zu finden sind. St. Peter und neben ihm der andere Apostelfürst St. Paulus hätten, heißt es weiter, in Rom unter Nero das Martyrium erlitten. Das ist eine Legende, die durch nichts bewiesen, allerdings auch nicht widerlegt ist. Daß Millionen zweitausend Jahre lang an die Legende glauben, gibt ihr eine unbestreitbare Würde, die legitim ist. Die Nachfolger des heiligen Petrus auf dem Bischofsthron von Rom (der heutige Johannes Paul II. ist der zweihundertfünfundsechzigste) rühmten sich sehr bald des Primates über alle anderen Bischöfe. Der jahrhundertelange Streit, den diese Frage auslöste und der im Grunde heute noch andauert, soll hier nicht interessieren. Fest steht jedenfalls, daß durch den Sitz des Papstes die Stadt Rom für diejenigen, die den Primat anerkannten, wieder religiös-geistiger Mittelpunkt der Welt wurde. In den Augen der Katholiken drückt auch der Titel *Papst* den Primatsanspruch aus. Kein anderer Patriarch, auch nicht der von Konstantinopel, führte einen so einmaligen Titel, der übrigens nur von einer Verschleifung der Bezeichnung *Pater Patrum* stammt, »Vater der Väter«, oder nach anderer Lesart von griechisch παππας = Vater; der Titel taucht zum ersten Mal auf dem Grabstein für Papst Liberius († 366) auf, bürgerte sich etwa 100 Jahre später ein und wurde von Gregor VII. Ende des XI. Jahrhunderts offiziell festgelegt. Während die alten Tempel zerfielen, entstanden die neuen Kirchen und Basiliken, erst schlichte Zweckbauten christlich-karger Frömmigkeit, sehr bald aber schon prächtige Gotteshäuser, gold- und mosaikglänzend und nicht selten auf alten Säulen stehend, die aus den heidnischen Tempeln gebrochen worden waren, wenn nicht überhaupt der ganze Tempel in eine Kirche verwandelt wurde: auf dem Forum ist noch der Antonius- und Faustina-Tempel zu sehen, in den die Kirche S. Lorenzo in Miranda hineingebaut ist. Bei S. Maria sopra

Minerva auf dem Marsfeld (der einzigen bedeutenden gotischen Kirche Roms) erinnert sogar der Name noch an den früheren heiligen Ort, wenn er auch, wie schon erwähnt, ein Irrtum ist.

Rom wurde politisch bedeutungslos, obwohl es nach wie vor dem Namen nach die Hauptstadt des Reiches war. Das östliche, byzantinische Kaiserreich nannte sich nach Rom, der Kaiser wurde offiziell Basileios der Rhomäer (= Römer) tituliert, und seit am 25. Dezember 800 Karl der Große in der Peterskirche zum (West-)Kaiser gekrönt worden war, hieß auch das fränkische, später deutsche Reich bis 1806: das Römische. Die Idee der Stadt Rom war über ihre reale Bedeutung hinausgewachsen. Aber gleichzeitig wurde Rom für alle Katholiken (und das waren bis zur Reformation alle Christen im Westen Europas, von Irland und Portugal bis zum Baltikum, Polen, Ungarn) das geistige und geistliche Zentrum der Welt als Sitz des Papstes. Und dann ging, um mit Wilhelm Busch zu sprechen, das Pilgern an.

Das Pilgern, also: heilige, gnadenbringende Stätten aufzusuchen, galt dem mittelalterlichen Menschen als besonders frommes Tun. Nachdem im VII. Jahrhundert die Gnadenstätten des Heiligen Landes von den Muslimen erobert worden und für Christen unzugänglich geworden waren, lenkten die Päpste sehr geschickt die gewinnbringenden Wallfahrerzüge nach Rom um. Zwar konnten sie hier nicht mit den Stätten des Erdenwirkens des Heilands aufwarten, wohl aber mit den Aposteln und Märtyrern. Die Reliquien kamen auf. Das Geschäft belebte sich: jeder Pilger wollte auch ein frommes Souvenir mit nach Hause nehmen. So wurden die – oft überwiegend gar nicht christlichen, schon gar nicht märtyrerischen – Gräber entlang der Ausfallstraßen geplündert und alles, was nach Knochen ausschaute, als Heiligengebein an die

Wallfahrer verkauft. Die Stadt Rom, die Päpste, ihr Hofstaat lebten, das ist kein zynischer Scherz, sondern die krasse Realität, das ganze Mittelalter hindurch vom Pilger-Fremdenverkehr und Reliquienhandel.

Als Pilgerpflicht galt es (und gilt es noch heute), die Sieben Hauptkirchen Roms der Reihe nach zu besuchen. Das ist nicht einfach, denn sie liegen weit auseinander. Diese Kirchen sind: 1. San Giovanni in Laterano, die wohl älteste Kirche Roms, eine Stiftung Kaiser Constantins, die eigentliche Papstkirche; 2. San Pietro in Vaticano, die größte Kirche der Christenheit, mit deren Architektur nach Michelangelos Willen vollbracht worden ist: das Pantheon und die Maxentiusbasilica aufeinanderzutürmen; 3. Santa Maria Maggiore auf dem Esquilin; 4. San Lorenzo fuori le mura; 5. San Paolo fuori le mura; 6. Santa Croce in Gerusalemme, angeblich von der Kaiserin Helena, der Mutter Constantins, gestiftet, nachdem sie wunderbarerweise in Jerusalem das Kreuz Christi wiedergefunden hatte; und 7. San Sebastiano ad Catacumbas. Alle Sieben Hauptkirchen sind kunstgeschichtlich von hohem Wert, und es würde hier zu weit führen, die dort gesammelten Kunstschätze auch nur anzudeuten. Es nimmt ein wenig Wunder, daß San Sebastiano, eine so weit abseits (am dritten Meilenstein der Via Appia Antica) gelegene und kunsthistorisch eher nicht so bedeutende Kirche – 1609 bis 1612 erbaut –, unter die Hauptkirchen gezählt wird. Die Barockkirche aber hat seinerzeit die auf Kaiser Constantin zurückgehende Basilica *Memoria Apostolorum* ersetzt, die über dem Ort errichtet wurde, wo – der Legende nach, die aber nicht unwahrscheinlich ist – zunächst die Apostelfürsten Petrus und Paulus nach ihrem Martyrium unter der Neronischen Christenverfolgung bestattet worden waren. Später wurden die Gebeine des heiligen Sebastian hier beigesetzt, weswegen die Kirche den heutigen Namen bekam. Unter der

Kirche und in näherer Umgebung finden sich die ausgedehntesten Katakomben, die auch zugänglich sind. Dazu ein Wort über die Katakomben: in Rom war es verboten, Tote innerhalb des Pomeriums, also der rechtlichen Stadtgrenze zu beerdigen. So verlegten die Römer die Gräber ihrer Verstorbenen nach außen, und deswegen zogen sich entlang der Ausfallstraßen, namentlich entlang der Via Appia, Gräberreihen hin, die im Lauf der Jahrhunderte kilometerlang wurden. Aber auch so reichte der Platz bald nicht mehr, weshalb die Römer (Heiden wie Christen) die Gräber nach und nach in mehreren Stockwerken unter die Erde der Straßenränder verlegten. Der weiche Boden um Rom macht das nicht schwer. Nie haben sich Christen vor den Verfolgungen in den Katakomben verborgen.

»Fuori le mura« bei S. Lorenzo und S. Paolo bedeutet: vor den Mauern. Die ältesten christlichen Kirchen lagen alle, soweit es sich um große handelte, außerhalb. Man vermutet, daß Constantin Rücksicht auf die noch mächtigen heidnischen Senatoren nehmen wollte, weshalb auch die christlichen Kirchen im Gegensatz zu den Tempeln äußerlich unauffällig gestaltet waren. Erst nach dem Toleranz-Edict von 313 begannen auch die Christen religiös-architektonisch zu prunken. In San Paolo (die 1823 abbrannte und im Stil des XIX. Jahrhunderts restauriert ist) finden sich die berühmten Medaillons: um die Kirche zieht sich an den Innenwänden ein Fries mit runden Papstportraits. Dort wird seit alters jeder Papst abkonterfeit. Der Fries füllte sich mit der Zeit. Unter Paul VI. waren nur noch wenige Medaillons frei. (Ich glaube mich daran zu erinnern, *drei* gezählt zu haben.) Offenbar wurde man da im Vatican unruhig. Jetzt wurde ein weiterer Fries unterhalb hinzugefügt, und es ist wieder Platz für 28 weitere Päpste. Der Weltuntergang ist hinausgeschoben.

Das sind also die Sieben Hauptkirchen. Wieviele Kirchen es in Rom sonst noch gibt, weiß kein Mensch. Ein gelehrter Mann namens Mariano Armellini hat ein Buch über die Kirchen Roms geschrieben. Das ameisenklein gedruckte Register umfaßt (zweispaltig!) 25 Seiten: von S. Abbaciro al Celio bis S. Zotico an der zehnten Meile der Via Labicana. Ich lege größeren Wert auf die Feststellung, daß ich diesen heiligen Zoticus nicht erfunden habe, man möge, wenn man mir nicht glaubt, bei Armellini nachlesen. Es gibt in München einen Oberstaatsanwalt, der im Hauptberuf Mörder verfolgt; sein Steckenpferd aber sind die kleinen Kirchen Roms. (Die großen kennt er aber natürlich auch.) Seit zwanzig Jahren fährt er jährlich mehrmals hin und entdeckt jedesmal wieder ein paar kleine Kirchen, die sein großes Herz mehr an die Ewige Stadt und ihre Wunder binden. Ihm verdanke ich Hinweise auf die vielen kleinen Kirchenjuwelen.

Die bedeutendsten Kirchen neben den Hauptkirchen aufzuzählen, ist schon schwer genug, vor allem, weil da jeder Freund Roms seine Vorlieben hat, diese Aufzählung also notgedrungen subjektiv ist: S. Andrea della Valle, die schon erwähnte S. Maria sopra Minerva, S. Clemente, wo zwei Kirchen untereinander liegen, sie sind über einem Mithras-Heiligtum errichtet, S. Maria della Pace mit ihren Raffael-Fresken, S. Maria della Vittoria mit Berninis heiliger Theresa, S. Ivo, der weiße Borromini-Bau aus flammender Geometrie, S. Maria del Popolo, S. Spirito in Sassia (die Angelsachsen-Kirche), S. Maria dell'Anima (die deutsche Nationalkirche mit dem Doppeladler am Turm), S. Agnese an der Piazza Navona mit den drei Brunnen davor, der mittlere eines der Hauptwerke Berninis, jeder kennt die Abbildung: Rom von einer seiner schönsten Seiten... und viele, viele andere. Jede, die man nennt, schmerzt eine andere, die man ausläßt: La Maddalena, die Rokokokirche, S. Eustachio mit dem Hirsch,

Il Gesu', S. Ignazio mit der Scheinkuppel, S. Salvatore in Lauro, das Juwel S. Carlo alle Quattro Fontane, die winzige Borromini-Kirche, die Quattro Coronati, S. Bartolomeo in Isola (auf der Tiberinsel) und S. Giovanni dei Fiorentini…, man wird nicht fertig.

Die Hauptkirche ist aber natürlich – wenngleich nicht kirchenrechtlich – St. Peter; S. Pietro in Vaticano. Die Baugeschichte ist kompliziert, die bedeutendsten Meister der Renaissance und des Barock haben mitgeplant und mitgebaut: Raffael, Michelangelo, Bernini. Das Ergebnis erfreut sich nicht einhelliger Zustimmung. Die einen sehen in ihr eine gigantische Bahnhofshalle, die anderen ein mit Lärm erfülltes Museum, für wieder andere ist sie der Ausdruck der Ecclesia triumphans der Gegenreformation. Jedenfalls muß jeder, der in Rom war, mindestens einmal in der Peterskirche gewesen sein. An hohen Feiertagen oder zu besonderen Anlässen zelebriert der Papst am Altar unter Berninis Baldachin die Messe. Dafür gibt es – unentgeltliche – Eintrittskarten. An normalen Sonntagen liest um ½ 11 Uhr am Altar *hinter* dem Bernini-Baldachin ein Cardinal ein feierliches Hochamt, das etwa eine oder eineinhalb Stunden dauert, oft mit Lesungen und Gebeten in verschiedenen Sprachen verbunden. Da kann jeder ohne weiteres hingehen. Danach, um 12 Uhr, spendet der Papst von einem bestimmten Fenster des Vaticanpalastes aus den Sonntagssegen. (Sofern der Papst in Rom ist. Die Witze über den gegenwärtigen *Eiligen* Vater sind zahllos.) Das Fenster, an dem der Papst erscheint, erkennt man daran, daß schon einige Zeit davor ein roter Teppich herausgehängt wird.

Die Peterskirche birgt mehr Kunstschätze als ein durchschnittliches Museum. Hier alle aufzuzählen, ist unmöglich. Es seien fünf erwähnt: Michelangelos Frühwerk von 1499, die Pietà, die, wenn man hineinkommt, rechts steht, leider aber, seit ein Irrer versucht hat, sie mit einem Hammer zu zerschlagen, hinter einer Panzerglasplatte; dann das schon erwähnte Papstgrab Innozenz' VIII. von Pollaiuolo, das etwas finster im linken Seitenschiff am 2. Pfeiler angebracht ist; Berninis grandioses Grabmal für Papst Alexander VII. († 1667); das klassizistische Stuartgrab von Canova vorn am ersten Pfeiler links (man beachte auch die überaus schönen, ohne Zweifel weiblichen Popos der beiden trauernden Genien) und – in der Sakristei, die zu besuchen man nicht versäumen sollte, Eingang *in* der Kirche links – das Grabmal für Papst Sixtus IV. von Pollaiuolo mit den zum Teil höchst weltlichen Darstellungen der Sieben Freien Künste.

Man kann auch – der Eingang findet sich, wenn man außen rechts an der Kirche nach hinten geht – auf das Dach hinauffahren, von dort aus die Galerie besichtigen, die sich innen um die Kuppel windet (sie ist eine Flüstergalerie), und ganz auf die Kuppel steigen, von wo aus man selbstverständlich einen herrlichen Blick über Rom hat. Wer Zeit hat und schon einiges kennt, kann bei den unzähligen Kuppeln und Türmen raten, was zu welcher Kirche gehört. Auch das schärft das Gedächtnis für die Topographie der Stadt. Dieses Spiel kann man natürlich von allen möglichen Aussichtspunkten aus treiben. Davon gibt es in der auf Hügeln erbauten Stadt genug: vom Gianicolo aus, wo man allerdings aufpassen muß, daß man nicht auf Liebespaare tritt, von der Rampe des Quirinalspalastes aus, vom Pincio (ein Blick, den schon Goethe gezeichnet hat), vom Palatin oder von der Engelsburg aus (wo *Tosca* im 3. Akt herunterspringt, was allerdings, wie sich der Besucher überzeugen kann, eigentlich gar nicht richtig geht, jedenfalls nicht so, wie es auf der Bühne in der Regel dargestellt wird). Anhaltspunkt ist immer, sofern man sich nicht grad auf dieser befindet, die unverwechselbare Peterskuppel mit ihrer edlen elliptischen Form, anderseits aber auch das schreiend weiße Victor Emanuel-Monument. *Das* kann man nicht aus seinem Blick verbannen, indem man die Aussicht von *dort* genießt, denn der Aufstieg ist zur Zeit nicht gestattet. (Man überlegt allerdings jetzt eine Öffnung fürs Publikum.) Man kann allerdings – sogar gratis – das im Monument untergebrachte Museum (*Museo Centrale del Risorgimento*) besuchen, das, wohl aus patriotischen Gründen, nie »in restauro« darniederliegt. Von einigen der wenigen Fenster dieser eher finsteren Sammlung aus kann man die vom Monument ungestörte Aussicht auf die Piazza Venezia genießen. Das Museum ist im übrigen eher komisch. Es enthält eine auf der Welt unerreichte Sammlung von Kriegsschiffs-Geldkassetten, ein Exemplar von Manzonis »Promessi sposi«, das Silvio Pellico im Gefängnis Spielberg in Brünn gelesen hat, und ein komplettes U-Boot.

Das kirchliche, heilige Rom, die Roma sacra, hängt eng mit dem weltlichen zusammen. Jahrhundertelang war, wie schon erwähnt, die Wallfahrt die wichtigste Einnahmequelle der Stadt. Schon im frühen Mittelalter entstanden Pilgerherbergen, die – für betuchtere Pilger – nicht ohne Komfort waren. Der *Codex Einsiedlensis* (so genannt, weil er im Kloster Einsiedeln aufbewahrt wird) aus dem späten VIII. Jahrhundert ist der erste erhaltene Romführer, der im übrigen nicht nur die frommen Stätten, sondern durchaus auch die antiken und heidnischen Altertümer aufzählt. Das älteste erhaltene – in jüngster Zeit vorzüglich renovierte – Hotel ist das *Sole al Pantheon* aus dem XVI. Jahrhundert, wo schon Ariost gewohnt hat, ein anderes *Sole*, eine Pension in der Nähe des Campo dei Fiori (eines bunten, alltäglich-römischen, nicht-touristischen Obst-, Gemüse- und Fleischmarktes), befindet sich in dem Haus, in dem Vanozza, die Geliebte Papst Alexanders VI. und Mutter Cesare und Lucrezia Borgias, ein Bordell betrieben haben soll. Der Markt auf dem Campo dei Fiori ist vielleicht der bunteste in Rom, größer ist der Lebensmittel-, Haushaltswaren- und Kleidermarkt auf der Piazza Vittorio Emanuele II hinter S. Maria Maggiore. Liebhaber von Märkten und Markttreiben kommen dort auf ihre Kosten. Aber auch sonst gibt es an vielen Stellen in Rom größere und kleinere oder ganz kleine Märkte, die meist vormittags stattfinden. Berühmt ist der Trödelmarkt an der Porta Portese. Der ist allerdings auch schon eine Touristenattraktion, was bedeutet, daß es von Taschendieben wimmelt.

Damit sind wir bei einem leidigen Kapitel. Rom ist zwar nicht Apulien oder Sizilien, und man ist seines Lebens sicher. Wer allerdings mit dem Auto nach Rom kommt, sollte es nicht an der Straße abstellen, sondern in einer Garage, schon gar nicht irgend etwas, selbst Wertloses, im Auto lassen. Alle Wertsachen, größere Bargeldsummen, Pässe, Dokumente, Flugkarten lasse man im Hotel, und zwar unbedingt in einem Safe. (Jedes Hotel, selbst der mittleren Klasse, verfügt über Safe-Anlagen.) Am besten steckt man immer nur den Tagesbedarf an Bargeld ein. Die Hauptdiebe Roms sind die bedauernswürdigen abgerichteten Kinder. Man sagt, und manchmal hat man auch den Eindruck, daß es so ist, es seien Zigeunerkinder. Sie stehen überall herum, wo Touristen zu erwarten sind, und drängeln sich mit einem flach gehaltenen Karton an den Fremden, jammern und betteln. Man muß, und wenn es einem das Herz angesichts der hübschen, erbärmlichen Kinder umdreht, einen Fluch ausstoßen, auch wenn es ein deutscher Fluch ist. Dann verschwinden sie. Wenn man sich erweichen läßt und nach Kleingeld zu suchen anfängt, stiebt die Menge plötzlich auseinander, und dann fehlen Geldtasche, Kamera und Ehering, und es ist selbstverständlich unmöglich, die nach allen Seiten davonhüpfende Flohherde zu verfolgen. Eine Anzeige bei der Polizei wird mit ruhiger Gelassenheit aufgenommen und bringt den einzigen Nutzen mit sich, daß der Bestohlene den gemächlichen Betrieb einer Carabinieri-Station kennenlernt.

Aber man darf sich nicht verrückt machen lassen: bekanntlich zieht die Angst das Unglück an. Wer nicht sträflich sorglos ist und einigermaßen die Regeln beachtet, braucht sich nicht ständig von Dieben umlauert zu fühlen und kann die Schönheiten Roms genießen. Dabei sollte man aber die Gründe für die Schattenseiten nicht vergessen: die Diebereien und Räubereien kommen ja nicht davon, daß die Italiener einen schlechteren Charakter hätten als andere Menschen. Die Mißstände sind Folgen der sozialen Spannungen in dem Wasserkopf Rom, auf die schon hingedeutet wurde, aber auch Folgen schlecht besoldeter Polizei und Justiz und nicht zuletzt der alles verfilzenden Korruption der Politiker, die in Italien besonders frech und kraß sein dürfte.

Rom lebt auch heute noch überwiegend vom Tourismus. Die Gewohnheiten der Touristen aber haben sich gewandelt: wenn Goethe (mit einigen Unterbrechungen) zwei Jahre in Rom blieb, so verbringt der durchschnittliche Tourist heute hier vielleicht vier Tage. Darauf sind die Hotels eingerichtet: sie lieben den flotten Durchgangstouristen (dessen Typ am besten der Amerikaner und der Japaner verkörpern), der in möglichst kurzer Zeit möglichst viel Geld daläßt. Daß sich ein Hotel bemüht, dem Gast das Gefühl zu geben, ein wenig zu Hause zu sein, ist selten. Die Übernachtungspreise sind außerdem horrend und steigen ständig. Hotels gibt es natürlich genug, und die Typen unterscheiden sich wenig von denen in anderen Städten. Da sind die prunkenden Albergo-Paläste aus der Gründerzeit in der Via Veneto oder am Corso, lärmig und teuer, altrenommierte Häuser wie das ehemals berühmte, heute nur noch unverschämt teure *Hassler-Villa Medici*, das sympathische *Quirinale*, in dem die Opernsänger absteigen und das einen direkten Zugang zur Oper hat, das *Columbus* nahe dem Petersplatz, ein alter Priorats-Palast mit verwinkelten Zimmern, in dem nicht ungern Bischöfe, Monsignori und Prälaten wohnen, anderseits die – meist bequemen – Hotelwaben amerikanischen Zuschnitts: das *Leonardo da Vinci* oder das *Cicerone*. Ein Sonderfall ist das *Sheraton-Roma*. Das ist ein Ghetto für geldige Amerikaner draußen an der Ausfallstraße zum Flughafen. Dort fühlen sie sich hinter Plastik-Vorhängen bei chlorgereinigten Drinks sicher, und von dort lassen sie sich in klimatisierten Bussen durch die Stadt fahren, steigen ja nicht aus, höchstens um ein überteuertes Abendessen bei *Alfredo* oder *Ranieri* einzunehmen. Ein an sich nobles und altes, aber hellhöriges und lärmiges Hotel ist das *Inghilterra* in einer Nebenstraße der Via Condotti; das Hotel *Forum*, das tatsächlich am Forum steht, hat als herausragende Attraktion eine Terrasse, von der aus man schon beim Frühstück die Aussicht über die Reste der Antike, über Forum und Kaiserfora genießen und studieren kann. Unzählig sind die mittleren und kleinen Hotels, die oft aus formalen Gründen weniger Sterne haben, aber deswegen nicht schlecht sein müssen. Besonders anheimelnd ist das über nur 23 Zimmer verfügende, nahezu in die hochbarocke Kirche *Sant' Antonio dei Portoghesi* (oder: Sant' Antonio de' Portoghesi) hineingebaute *Hotel Portoghesi* nahe der Piazza Navona. Nicht weit entfernt davon, fast am Tiber, ist das uralte *Albergo dell' Orso*, in dem Rabelais, Montaigne und Goethe abgestiegen sind. Überhaupt war dieses ganze Viertel hier im Mittelalter und auch noch später das Gaststätten-Quartier.

Eine Besonderheit in Rom sind die – meist billigen – Pilger- und Gruppenunterkünfte, die natürlich meistens Jugendherbergscharakter haben. Fast alle werden von Ordensschwestern betrieben und betreut, sind daher immer sauber, wenngleich karg. Eine ausführliche Liste der Klosterunterkünfte erhält man beim deutschen Pfarrer in der Via della Pace 20 (nahe Piazza Navona).

Besser als mit der insgesamt eher lieblosen Hotellerie steht es mit der Gastronomie. Hier gilt als erste Regel (wie fast überall auf der Welt): *nie* im Hotel essen. Hotelrestaurants sind teuer und schlecht. Die großen Nobelrestaurants, zwei wurden oben schon genannt, schwelgen natürlich in Damast, Silber und Kellnerbrigaden, sind aber meist international-unprofiliert. Es gibt Schickeria-Lokale, in denen nichtsahnende Touristen Menues für drei- und vierhundert Mark aufgeschwatzt werden, wenn sie nicht vorher die Speisekarte genauer studieren. Aber das ist, wie jeder weiß, keine speziell römische Untugend. Wenn man sich daran hält, dorthin zu gehen, wo die einheimischen Gäste überwiegen, kann einem kulinarisch und finanziell nichts passieren. Eine römische Spezialität und weltberühmt ist *Alfredo*, der König der Nudel. Es gibt mehrere *Alfredo*, jeder behauptet, der originale zu sein. Einer findet sich in der Villa della Scrofa, ein anderer an der Piazza Augusto Imperatore, der dritte am Borgo Sant' Angelo beim Vatican. Wie sich die Alfredi aufgespalten haben, ist eine Wissenschaft für sich. Es dürfte wohl so wie beim Nildelta sein: da ist auch jeder Arm originaler Nil. Die Nudeln Alfredos sind, das ist immer noch so, ein Gedicht, oder: langgezogene Rhapsodien. Aber es gibt nicht nur die drei Alfredi, selbstverständlich, es gibt unzählige Trattorie, Ristoranti und Osterie (die Benennung bedeutet wenig Unterschied) über ganz Rom verstreut, und mit den zum Teil erstaunlich preiswerten Lokalen ist es wie mit den Kirchen: jeder hat seine Vorlieben und schwört auf sie. Jedes Restaurant, das man nennt, kränkt eins, das man übergeht. So gibt es den geliebten *Umberto* in Trastevere (Piazza S. Giovanni della Malva), wo der Wirt serviert und wo es in einem winzigen Garten nicht römisch, sondern tiefgründig trasteveranisch zugeht, leider ist er heute (Herbst 1991) ein Beispiel dafür, daß auch Lokale »in restauro« sein können. Wenn man in die *Costanza* kommt, einem äußerst liebenswürdigen Lokal gleich hinter S. Andrea della Valle, grüße man bitte den Kellner Paride vom Autor dieses Büchleins und versäume nicht, den *Risotto fior' di zuccho* zu essen. Das *Angoletto* auf der Piazza Rondanini (Nähe Pantheon) zeichnet sich durch das günstigste Preis-Leistungs-Verhältnis aus. Im *Arco di Callisto* im Trastevere gibt es guten Fisch, und wenn man Glück hat, singt eine zahnlose römische Alte aus dem ersten Stock des Nachbarhauses leise Lieder in einer unverständlichen Sprache. Unbedingt meiden aber sollte man so gut wie alle Lokale in der Bannmeile des Petersplatzes, mit Ausnahme des *Pierdonati* in der *Via della Conciliazione*.

Es wäre eine interessante Streitfrage: gibt es in Rom mehr Kirchen oder mehr *Bars*? Ich wage nicht, das zu entscheiden. Unter *Bar* versteht man in Rom wie überall in Italien nicht etwa einen Nachtclub, sondern ein kleines (meist) Steh-Caffè, in dem auch Wein und Spirituosen ausgeschenkt und kleinere Imbisse gereicht werden (Sandwiches, kleine Kuchen, auch Eis und dgl.). Oft ist eine *Bar* mit einem Tabakladen, einem Zeitungskiosk und Fahrscheinvertrieb verbunden, die Hauptsache aber ist natürlich der Kaffee. Er wird immer frisch gemacht und ist eigentlich überall vorzüglich. (Die *Bars* haben meist keinen Namen.) Man zahlt *zuerst* an der Kasse, bekommt einen Bon, reicht ihn – oft nur einen Schritt entfernt – dem Kellner und bekommt dann das Gewünschte. Trinkgeld wird erwartet: man wirft es in ein Sparschwein o. ä., das am Tresen steht. Wenn man sich an einen der höchstens zwei, drei Tische setzt, wird die Konsumation – das ist streng gesetzlich geregelt – erheblich teurer. Bars sind über ganz Rom verstreut, sie öffnen früh und schließen spät. Nie ist Not an einer Bar, wenn man Durst auf Kaffee hat. Meistens genügen ein paar Schritte, und schon ist eine da. Die *Bars* sind sozial hochwichtige Communicationszentren für die Nachbarschaft, und ohne *Bars* ist das Leben in einer italienischen Stadt nicht denkbar.

Das *Caffè* – also: das richtige Kaffeehaus – unterscheidet sich von der *Bar* grundlegend. Caffès gibt es nicht so viele. Das weltberühmte *Antico Caffè Greco* wurde oben schon besungen, auch das *Caffè Martini* schon erwähnt. Ehemals berühmt, heute eher zu Fast-Food-Verteilung verkommen, ist das *Aragno* am Corso. Altertümlich und verspielt (und teuer) ist das *Rosati* an der *Piazza del Popolo*. Das beste Eis gibt es, sagt man, im *Biancaneve* (d. i. »Schneewittchen«) am Tiber am Ponte Vittorio Emanuele (auf der linken, lateinischen Seite), und als der beste Kaffee gilt der im *Tazza d'Oro* nahe dem Pantheon, das allerdings eher ein exquisites Kaffee-Geschäft mit angehängtem Steh-Caffè ist. Eine *Bar* im üblichen Sinn, aber besonders abends stark frequentiert, ist die Bar *Sant' Eustachio*, deren *Caffè speciale* und *Grand Caffè* stehend, in der Menge eingeklemmt, genossen werden müssen. Die Bar hat nur drei Wände, die vierte ist zur Straße offen. Der Fluß des Gedränges bringt es mit sich, daß man plötzlich wieder draußen steht, wo man aber die nachts feenhaft beschienene Schnecken-Kuppelspitze von Sant' Ivo betrachten kann, eine der schönsten Schöpfungen Borrominis, eines der seltenen Beispiele reiner manieristischer Architektur.

Ein Kuriosum anderer Art ist *Babington's Tea-Room* direkt an der Spanischen Treppe, wenn man den tausendmal fotografierten Blick über die beiden traditionellen Blumenstände und die leider auch schon traditionelle Masse von Rucksack-Touristen, die auf der Stiege lagern, hinauf nach San Trinità dei Monti wendet: *links*; das Haus gleich rechts der Treppe ist das Wohnhaus Keats, Shelleys und Severns und heute ein liebenswürdiges, äußerst sehenswertes, kaum besuchtes Museum (*Keats-and-Shelley-Memorial*). Es zeigt, wie die romantischen Fremden im XIX. Jahrhundert in Rom gelebt haben. *Babington's Tea-Room* wurde vor 150 Jahren von zwei Engländerinnen für ihre Landsleute eingerichtet, die sich bei all dem Kaffee und den Spaghetti nach echter englischer Küche sehnten. Ich vermute, daß die dort verabreichten Kekse noch aus den Gründungsbeständen stammen. Im übrigen ist das ganze malerische Viertel hier seit alters ein Künstlerquartier, auch heute noch, und in den Läden finden sich viele Galerien, Kunsthandlungen und Antiquariate.

Eine kulinarische Rarität anderer Art ist das Restaurant *Eau-Vive* in der Via Monterone (nahe der Bar Sant' Eustachio). Das Lokal wird von Missionsschwestern betrieben, es servieren Missionstöchter aus allen Erdteilen. Jeden Tag wird nach den Rezepten eines anderen Erdteils gekocht; das Essen ist vorzüglich und äußerst gepflegt. Um zehn Uhr abends singen die Nonnen manchmal ein frommes Lied. (Die Gäste müssen nicht mitsingen, dürfen aber.) Solang der gegenwärtige Papst noch Cardinal war, sei er, heißt es, bei seinen Rom-Besuchen immer hier eingekehrt.

Daß Rom voll von Kunstschätzen ist, und daß hier die Vergangenheit aufs lebendigste gegenwärtig geblieben ist, erschließt sich selbst dem nur durchschnittlich aufmerksamen Besucher schon bald. Die Kirchen und die Schätze darin sind natürlich frei zugänglich, man sollte sich aber merken, daß in der Regel *alle* Kirchen (mit Ausnahme von St. Peter) zwischen 12 oder ½ 1 und 4 Uhr geschlossen sind. (Die Öffnung in der Früh und die Schließung am Abend hängt jeweils von der Uhrzeit der ersten bzw. letzten hl. Messe ab. An fast jeder Kirche hängt ein *Orario*.) *Forum, Palatin, Caracalla-Thermen* und einige andere Ausgrabungsstätten sind abgeschlossene archäologische Areale, die zu bestimmten Zeiten (die oft wechseln) gegen Eintrittsgeld besucht werden können. Jugendliche unter 18 und Personen über 60 Jahren (auch wenn sie Touristen sind!) haben übrigens gegen Vorlage eines Passes oder Ausweises freien Eintritt. Forum und Palatin gehören zusammen und sind – z. Zt. – montags geöffnet, wenn alle anderen Museen (mit Ausnahme der Vaticanischen) geschlossen sind, dafür am Dienstag- und Sonntagnachmittag geschlossen. Viele besuchen nur das berühmtere Forum und machen sich nicht die Mühe, am Titusbogen vorbei den Clivus Palatinus hinaufzusteigen, was ein Fehler ist, denn auch der Palatin ist ein hochinteressantes Gebiet und außerdem eine pinienschattige Oase der Ruhe. Die wichtigsten Museen sind die beiden auf dem Capitol (*Museo Capitolino*, wenn man hinaufkommt links, *Museo del Palazzo dei Conservatori*, rechts, die Eintrittskarte gilt für beide Museen), das *Thermen-Museum* an der Piazza della Repubblica und das Museum in der *Villa Giulia* (etruskische Sammlung; ganztägig geöffnet).

Neben den großen Museen gibt es viele kleinere, oft Spezialgebiete betreffende Sammlungen, wie das *Museo Napoleonico*, naturhistorische Museen, einige militärgeschichtliche, das bedeutende Musikinstrumenten-Museum neben Santa Croce in Gerusalemme, das wenig besuchte, aber für den Interessierten überraschend informative Museum der Geschichte der römischen Stadtmauern (Museo delle mura) in den Türmen der Porta S. Sebastiano. Was das – vom Pfarrer nur zögernd gezeigte – *Fegefeuer-Museum* in der Sakristei der neogotischen Kirche *Sacro Cuore del Suffragio* (neben dem Justizpalast am jenseitigen Tiberufer) birgt, soll nicht verraten werden.

Des weiteren gibt es dann die z. T. noch privaten Sammlungen in fürstlichen Palästen: *Barberini, Doria, Spada*, die zu gewissen Zeiten zugänglich sind, dann die *Engelsburg*, in der keine Ausstellungsstücke untergebracht sind, die vielmehr ein Museum an sich ist. (Daß Tosca hier heruntergesprungen ist, wurde schon erwähnt. Der zweite Akt dieser so spezifisch römischen Oper spielt im – da französische Botschaft – leider nicht zugänglichen Palazzo *Farnese*; der Schauplatz des ersten Aktes ist *Sant' Andrea della Valle*, und zwar in der ersten Seitenkapelle rechts; bei Puccini heißt sie Cappella Attavanti, in Wirklichkeit: Capella Lancelotti.) Wer sich für moderne Kunst interessiert und für die von der Kunstgeschichte fast völlig vernachlässigten italienischen Impressionisten des XIX. Jahrhunderts, dem sei die *Galleria Nazionale d'Arte Moderna* im Valle Giulia in der Villa Borghese empfohlen. Villa bedeutet im Italienischen nicht: elegantes Haus, sondern: Park; die Villa in unserem Sinn heißt *Casino*, und so ist in der Villa Borghese tatsächlich das *Casino Borghese*, das auch ein Museum ist, das zur Zeit, da nur das Erdgeschoß geöffnet ist, keinen Eintritt verlangt. Vom Casino Borghese muß man den *Palazzo Borghese* unterscheiden, der der Stadt-Palast der fürstlichen Familie war. Es gibt mehrere »Villen« im Stadtgebiet von Rom (außer Borghese: Torlonia, Albani, Ada »già Savoia«, Doria-Pomphili), die zum Teil als öffentliche Parks zugänglich sind.

Eine, zumindest für Deutsche, Villa eigener Art ist die *Villa Massimo*, die außerhalb der Porta Pia in der Nähe der Via Nomentana liegt. In der Villa Massimo hat die *Deutsche Akademie* ihren Sitz, in der Stipendiaten: junge Musiker, Maler, Schriftsteller, Architekten usw. jeweils ein Jahr lang beneidenswert leben können. Fast alles, was in der deutschen Literatur der Gegenwart Rang und Namen hat, ist auch in den Annalen der *Villa Massimo* verzeichnet, in der Musik ist das fast noch mehr der Fall. Überhaupt hat die deutsche geistige und wissenschaftliche Präsenz in Rom große Tradition. Das *Deutsche Archäologische Institut* in der Via Sardegna ist über hundertfünfzig Jahre alt (1829 gegründet) und geht auf Niebuhr zurück, den Nachfolger Humboldts als preußischer Gesandter in Rom. In der Via Gregoriana, im manieristisch geschmückten Palazzo Zuccari, hat das *Deutsche Kunsthistorische Institut*, genannt *Bibliotheca Hertziana*, ihren Sitz, das *Deutsche Historische Institut* liegt an der Via Aurelia Antica, wo ebenfalls die bedeutende, auch von vielen Italienern besuchte große deutsche Schule vor einigen Jahren neu erbaut wurde. Das *Goethe-Institut*, heute in der Via Savoia 15, war früher in der Via del Corso untergebracht, aber nicht in dem Haus, in dem Goethe gewohnt hat; das findet sich in der Via del Corso 18. Dort befand sich einmal (1972 bis 82) ein kleines Goethe-Museum, allerdings in der, wie sich inzwischen herausgestellt hat, falschen Wohnung. Irgendwann soll (in der richtigen Wohnung) wieder ein Goethe-Museum errichtet werden. Wer Goethes »Italienische Reise« in Rom auf deutsch kaufen will, wende sich an die Buchhandlung *Herder* an der Piazza Montecitorio gegenüber dem Parlament und dem Obelisken, der früher einmal der Sonnenuhr des Augustus als Zeiger gedient hat.

Der größte Museumskomplex Roms ist zwar in Rom, aber nicht in Italien: die Vaticanischen Museen. Das gehört auch zur Geschichte der Stadt: als Rom aufhörte, Kaiserstadt zu sein oder das nur noch dem Namen und der – wenngleich mächtigen – Idee nach war, wurde sie nach und nach zur Stadt der Päpste. In einem komplizierten politischen Prozeß entwickelte sich die weltliche Herrschaft der Päpste über Rom und den Kirchenstaat, der ganz Mittelitalien umfaßte. Zunächst konkurrierten die Päpste in der Stadtherrschaft mit den Bürgern, die noch eine ferne Ahnung von antiker Würde hatten, und mit den *Baronen*, deren mächtigste Clans Colonna und Orsini hießen und nicht viel mehr als Raubritter waren. Die kurzlebige Herrschaft des Cola di Rienzo oder *Rienzi*, des »Letzten der Tribunen« im XIV. Jahrhundert, war das letzte Aufflackern des Bürgerstolzes. Zu der Zeit residierten (70 Jahre lang) die Päpste in Avignon. Als Urban VI. 1378 die Residenz nach Rom zurückverlegte und als mit dem tüchtigen Martin V. 1417 das sog. *Große Schisma* zu Ende ging (in dem es zeitweilig bis zu drei sich befehdende Päpste gab), befestigte sich die weltliche Herrschaft der Päpste über Rom und wurde in der Zeit der Gegenreformation im XVI. Jahrhundert zur absoluten Monarchie. Im XVIII. und XIX. Jahrhundert war der von Geistlichen gelenkte Staat der engstirnigste und intoleranteste, wie sich denken läßt, wenn es auch relativ aufgeklärte Ausnahmen unter den Päpsten gab, wie den gelehrten Benedict XIV. (1740–1758). Eigenartig ist, daß gerade in dieser Zeit die Anziehungskraft der Stadt Rom auf Protestanten besonders groß war. Goethe gehörte zu diesen Protestanten. Er hat in Rom nicht nur die Spuren der Antike gesucht. Seine »Italienische Reise« ist voll von diesem seltsamen Antagonismus der Seele.

1870 war die weltliche Herrschaft der Päpste zu Ende. Am 20. September marschierten die Truppen König Victor Emanuels II. (das ist der auf der »Schreibmaschine«) durch die Porta Pia in Rom ein. Die Straße heißt deswegen heute noch »Via XX Settembre«. Der Papst, es war Pius IX., zog sich schmollend in den Vatican zurück und verstand die Welt und vor allem den Himmel nicht mehr, der die gotteslästerlichen Savoyarden offensichtlich nicht zerschmetterte. Die Nachfolger Pius' IX., Leo XIII., Pius X. und Benedict XV., verbrachten ihre Pontificate in freiwilliger »Gefangenschaft« im Vatican. Die neuen italienischen Herren respektierten nachsichtig den finsteren Groll. Sie boten dem Papst die Friedenshand, die ganze *Città Leonina* (d. i. das ganze Stadtgebiet vom

Vatican bis zur Engelsburg; jeweils einschließlich), die Anerkennung des Status als souveräner Monarch und eine beträchtliche Jahresrente in Geld. Es passierte das Einmalige: der Papst nahm Geld, das ihm geboten wurde, nicht an. Nur wer die Kirchengeschichte kennt, ermißt daran die Tiefe des pontificalen Grolles. Erst Pius XI. arrangierte sich 1929 mit dem königlichen Regime, das damals von Mussolini repräsentiert wurde, und schloß die beiden Lateranverträge: ein Concordat (das inzwischen – 1987 – in wesentlichen Punkten modifiziert wurde) und einen Staatsvertrag, wodurch der kleinste Staat der Welt geschaffen wurde: der Vaticanstaat, weit kleiner, als ihn Pius IX. 1870 hätte haben können. (Offiziell: *Stato della Città del Vaticano*, wovon das vaticanische Autokennzeichen kommt: SCV. Mit einem SCV zu fahren, dürfte in Rom der feinste Chic sein. Der wie seit zwei Jahrtausenden beißende römische Volkswitz hat die Abkürzung umgedeutet: SCV = »Se Cristo vedisse...« »Wenn Christus (das) sehen würde...«, nämlich den weltlichen Reichtum der Kirche, mit dem es allerdings, sagt und hört man, in letzter Zeit nicht mehr allzuweit her sein soll. Es haben übrigens nur die staatlichen Vatican-Fahrzeuge das SCV in der Nummer. Vaticanische Privatfahrzeuge heißen *CV*.) Der Vaticanstaat, der eigene Münzen (wertgleich mit den Lire), eigene Briefmarken, ein eigenes Heer, nämlich die Schweizergarde, hat, umfaßt nicht mehr als die Peterskirche und deren Vorplatz bis zu den Colonnaden Berninis, die – nur bedingt und nur zum Teil zugänglichen – ummauerten vaticanischen Gärten und – der größte Teil der Gebäude – die Vaticanischen Museen. Man kann mit einigem Fug sagen, daß der Vatican das einzige Museum der Welt ist, das einen eigenen Staat bildet.

Um in den eigentlichen Vatican zu gelangen, braucht man ein Visum, das man nur kriegt, wenn man einen Grund zum Besuch hat. Bloße Neugier genügt nicht. Die Vaticanischen Museen – deren Zugänge zu den Gärten usw. hermetisch abgeschlossen und bewacht sind – betritt man entweder durch das Hauptportal nördlich (*Viale Vaticano*) oder aber mittels eines kleinen Busses (Kennzeichen: SCV), der alle halbe Stunde vom Petersplatz abfährt, durch die Vaticanischen Gärten kurvt und – selbstverständlich ohne Zwischenhalt, die Fahrt dauert auch nur fünf Minuten – die Passagiere an einer kleinen Tür zum Hauptkassenraum oben entläßt.

Die Vaticanischen Museen sind unübersehbar reich und, trotz sinnvoller Gliederung und Führungslinie, unübersichtlich. Die Zahl der Exponate wird auf 50000 geschätzt, der Weg durch das Museum beträgt 7 km. Zu den Museen gehört die *Sixtinische Kapelle* mit den Deckenfresken und dem Jüngsten Gericht Michelangelos, eines der größten Kunstwerke der Welt, die *Loggien* und *Stanzen* Raffaels und das *Appartamento Borgia*, alles mit bedeutenden Fresken ausgestattete Räume. Die eigentlichen Ausstellungen gliedern sich in verschiedene in sich abgeschlossene Museen, die hier nur ganz kursorisch aufgezählt werden können: *Museo Gregoriano Egizio* (eine bedeutende ägyptische Sammlung), *Museo Chiaramonti* (antike Bildwerke), *Museo Pio-Clementino* (Apoll von Belvedere, Laokoon), *Museo Gregoriano Etrusco*, das *Museo Gregorio Profano*, das *Ex-Museo Lateranense*, die *Pinacoteca* (bedeutende Bildersammlung, u. a. Tizian, Raffael, Leonardo), die Sammlungen moderner christlicher Kunst, das sehr umfangreiche Völkerkunde-(und Missions-)Museum und zuletzt, eher eine Kuriosität, im Garten die Remise mit den päpstlichen Kutschen und Automobilen. Die *Sixtinische Kapelle* wird derzeit restauriert. (Die Kosten, die in die Millionen gehen dürften, trägt eine japanische Fernsehgesellschaft.) Die Renovierung der Seitenwände, die wenig beachtet werden, aber doch mehr als nur einen Blick wert sind, und – seit März 1990 – auch die vieldiskutierte Reinigung der Deckenfresken sind abgeschlossen. Hekatomben kunsthistorischer Sekundärliteratur sind durch die Renovierung Makulatur geworden. Man kann selbstverständlich darüber streiten, und zugegebenermaßen sind die nun hellen und oft pastelligen Farben der Fresken ungewohnt. Nicht diskutiert aber werden kann, daß die jetzt wieder zutage getretenen Farben die sind, die Michelangelo gewählt hat. Außerdem sind durch die Aufhellungen Farbnuancen wieder aufgetaucht, die weitere räumliche Dimensionen in Michelangelos kompliziertem Bildprogramm klarlegen. Ich glaube, daß der jetzige Zustand dieses Kunstwerkes wertvoller ist als tausend kunsthistorische Deutungen. – Zur Zeit arbeitet man am letzten Teil: *am Jüngsten Gericht* an der Stirnwand, das deswegen verhängt ist und also mehrere Jahre nicht zu sehen sein wird. Michelangelo hat die Deckenfresken von 1508 bis 1512 gemalt. Fast ein Vierteljahrhundert später, 1536, hat er den Auftrag für das Altarfresko, das *Jüngste Gericht*, angenommen und die Arbeit innerhalb von fünf Jahren (bis 1541) ausgeführt. Das Gemälde wurde sofort als Skandal empfunden, nicht nur wegen der vielen nackten Figuren, sondern auch wegen antikirchlicher Tendenzen im Bildprogramm, die man Michelangelo (vielleicht nicht ganz zu Unrecht) unterstellte. Es wurde mehrfach im Ernst erwogen , das Fresko beseitigen zu lassen. Der sonst eher kunstsinnige Pius IV. begnügte sich damit, die anstößigsten Stellen übermalen zu lassen. Der Auftrag dazu ging, im Jahr nach Michelangelos Tod, an Daniele de Volterra, der die Blößen der Figuren mit Tüchern, Schleiern usw. überdeckte, die als besonders aufregend empfundene, völlig nackte, üppige heilige Katharina neu malte. Daniele trug das in der Kunstgeschichte den Spitznamen »Braghettone« (Höschenmaler) ein, zu Unrecht, denn man muß Daniele, einem Schüler und glühenden Bewunderer Michelangelos, zugute halten, daß er seine Arbeit mit soviel Geschmack erledigte, wie der barbarische Auftrag nur eben zuließ. Über den ursprünglichen Zustand des Bildes informiert uns eine vor der Zeit der Verstümmelung von einem gewissen Marcello Venusti angefertigte Copie im Museum zu Neapel. Man war nun gespannt, ob bei den anstehenden Restaurierungsarbeiten die »Höschen« wieder beseitigt werden würden. Wenn der Papst zwischen Sittenstrenge und Kunstrespekt geschwankt haben sollte, so hat ihm die jüngste Untersuchung des Bestandes die Entscheidung abgenommen: Daniele de Volterra hat die anstößigen Teile nicht übermalt, er hat vielmehr den Putz an den betreffenden Stellen herausmeißeln, sie frisch vermörteln lassen und dann die »Höschen« drauf freskiert. Michelangelos Nuditäten sind also unwiderbringlich verloren.

Das alles sind natürlich längst nicht alle Sehenswürdigkeiten Roms, nur Anregungen, und wer sich wirklich interessiert und sein Interesse gar vertiefen will, wird nicht darum herumkommen, sich in einen der zahlreichen, mehr oder weniger umfangreichen Kunst- und Stadtführer zu vertiefen, was vielleicht im *Caffè Greco* geschieht, denn schon Goethe hat festgestellt: auf Rom bereitet man sich am besten in Rom selber vor. Aber ein Museum besonderer Art sei doch noch erwähnt: die *Ara Pacis Augustae* an der Via Ripetta nahe der Piazza del Popolo. Die Ara Pacis ist ein Weihegeschenk des Senats an Augustus (13 v. Chr.), wurde im XIX. Jahrhundert zertrümmert gefunden und steht nun unter einem hausgroßen Glassturz. Die Ara Pacis besteht unter anderem aus Reliefs mit Darstellungen des Augustus und seiner Familie und ist eines der besterhaltenen und bedeutendsten Zeugnisse der frühen römischen Kaiserzeit.

In den fünfziger Jahren war Rom eine Zeitlang besonders en vogue. Da gab es den Schlager »Arrivederci Roma«, die Filme »Three Coins in The Fountain« und – woraus auf ein in ganz

Rom verbreitetes Lebensgefühl geschlossen wurde – »La dolce vita«. Symbol all dieses Mißverständnisses war die *Via* (eigentlich: *Vittorio*) *Veneto*. Das ist alles längst verwelkt, wenn es überhaupt je existiert hat. Wer also nach Rom in der Erwartung kommt, nackte Starlets in Brunnen hüpfen zu sehen, wird enttäuscht sein. In Rom tost nur der Verkehr. Dennoch gibt es in Rom wie in jeder Großstadt mehr oder weniger anspruchsvolle Vergnügen. Striptease und Sexkinos gibt es in der Gegend der Via Veneto und im Bahnhofsviertel, Nachtclubs und Piano-Bars oft in den größeren Hotels, Kinos gibt es, wie überall, nicht mehr sehr viele. Gemessen an der Einwohnerzahl sind auch die Theater eher rar. (Die Italiener sind ein Volk exzessiver Fernseher.) Neben den großen Theatern *Teatro Argentina* (am Largo Torre Argentina), *Teatro Quirino* und *Teatro Valle*, die klassische und moderne Stücke spielen, gibt es etwa ein Dutzend kleine oder kleinere Boulevard-, Experimentier- oder Avantgardetheater, etwa das hübsche *Teatro Belli* in Trastevere. Die Theatersaison beginnt in der Regel im Oktober und endet im Juni. Der Vorstellungsbeginn ist, für deutsche Begriffe, spät: 9 oder gar ½ 10 Uhr. In der Via Firenze / Via Viminale befindet sich die Römische Oper, eines der bedeutendsten Musiktheater der Welt. Der Bau selber ist nicht sehr ansprechend. Es wurde nämlich 1880 nicht das oben erwähnte Hotel *Quirinale* an die Oper angebaut, sondern umgekehrt: der damalige Hotelier Domenico Costanzi ließ seinem Hotel eine Oper anfügen. Das Haus hieß deshalb noch lange: *Teatro Costanzi*. 1926 erwarb es die Stadt Rom, 1959/60 wurde es nicht sehr glücklich renoviert. (Die Renovierung hinderte den Architekten Piacentini nicht daran, die unübersehbaren Gedenktafeln für König Victor Emanuel III. und Mussolini über dem Bühnenportal zu belassen.) Eigenartig ist das Deckengemälde von der Hand eines sonst nicht weiter bekannten Meisters Annibale Brugnoli (1843–1911). Das Bild stellt offensichtlich

Opernszenen dar. Einige errät man, eine Szene allerdings ist rätselhaft: da klettern nackte Damen auf einen Baum. Wo gibt es diese Oper? Sollte man die nicht wieder einmal aufführen?

Zum Vergnügen gehört für viele Leute das gepflegte Einkaufen. Da kann man in Rom allerdings schwelgen. Die noblen Läden, wo in einer riesigen, marmorausgelegten Auslage *ein* Paar Schuhe steht, die Couturiers und die großen Juweliere haben ihren Sitz, wie schon erwähnt, in der Via Condotti und den angrenzenden Gassen. Antiquitätenläden finden sich im Ponte-Viertel (nördlich des Corso Vittorio Emanuele) und – vornehmer – in der schönen Via Giulia nahe dem Tiber, in der Via del Babuino und in der Via Margutta und den angrenzenden Straßen zwischen Spanischer Treppe und der *Piazza del Popolo*. Billigere, oft bunte und schreiende Einkaufsvergnügen bietet der Corso, namentlich ein Abschnitt gegen die Piazza del Popolo, dann die Via del Tritone und die ganze Via Nazionale. Die mehr boutiquenartigen Läden im Trastevere wurden schon erwähnt. Aber auch in überraschenden Winkeln – man darf sich in Rom nicht durch Breite oder Enge der Straßen irritieren lassen – liegen oft interessante, malerische oder elegante Läden. Wer nur spazierengeht und bummelt und sich an den Schaufenstern ergötzt, dem wird nicht entgehen, daß in Rom – wie nicht anders zu erwarten – ein sonst unbekannter Geschäftszweig blüht: die Clerical-Ausstattung. Dort gibt es von Nonnensandalen und Pfarrwäsche bis zur Bischofsmitra und liturgischen Campingausrüstung alles, was die fromme Seele auf Erden braucht. Ablässe allerdings werden, seit dem XVI. Jahrhundert, nicht mehr verkauft.

Obwohl Rom, selbst soweit historisch sehenswürdig, nämlich innerhalb der Aurelianischen Mauer, sehr groß ist, ist es besser, ist es eigentlich einzig richtig, die Stadt zu Fuß zu entdecken und sich geläufig zu machen, für größere Strecken den Bus zu benutzen. Mit dem Auto zu fahren hat so gut wie keinen Sinn, denn man kann das Auto nirgendwo stehen lassen, erstens, weil es nicht vor Dieben sicher ist (auch am Tag nicht), und zweitens, weil überall schon Autos geparkt sind. Mit Wirkung vom 2. Februar 1988 wurde per Decret die Innenstadt (Centro Storico) rigoros für den privaten Autoverkehr gesperrt. Seitdem ist Rom, was das Zentrum betrifft, eine autofreie Großstadt. Also, um genauer zu sein: *gilt* als autofreie Großstadt. Neben Taxi, Polizeiwagen, Feuerwehr usw. darf nur der mit dem Auto in die Innenstadt fahren, der dort dringend zu tun hat und das nur mit dem Auto schafft, zum Beispiel eine kranke blinde Großmutter zum Arzt zu fahren. Bereits wenige Tage nach dem 1. Februar ist die Zahl der kranken blinden Großmütter, die zum Arzt fahren, ins Astronomische gestiegen. Praktisch in jedem Auto saß eine kranke blinde Großmutter. Im März 1988 war der kranke blinde Großmutter-Verleih bereits krypto-gewerkschaftlich organisiert, und die Mafia schaffte aus Süditalien Nachschub herbei. Die Behörden reagierten rasch: man verteilte pauschale Sondergenehmigungen. Berechtigt, eine Sondergenehmigung zu bekommen, ist jeder, der die Stempelgebühr zahlt. So wurde das Problem gelöst: theoretisch ist das Centro Storico autofrei, praktisch fahren dort genausoviele Autos wie früher. Nur einmal habe ich es erlebt, da war Rom wirklich autofrei: am Tag der Beerdigung von *Enrico Berlinguer*, des populären Kommunistenführers. Um ein Verkehrschaos bei den zu erwartenden (und dann tatsächlich eingetroffenen) Massen zu verhindern, sperrten die Carabinieri für den ganzen Tag die Stadt innerhalb des Pomeriums. (Einen Tag lang schaffen das die Carabinieri. Die Corruption ist offenbar etwas langsamer.) Nie war es so vergnüglich wie an diesem Tag, in Rom spazierenzugehen. Die Massen störten nicht, die konzentrierten sich um die Parteizentrale an der *Via delle*

Botteghe Oscure und später am Lateranplatz, wo sie die Beerdigung in einer tränenreichen Volksfest-Gaudi feierten. Und Rom roch plötzlich nicht mehr nach Benzin. Etwas Seltsames ist mir dabei aufgefallen: an den Wänden klebten Plakate einer Zeitung, quasi ein Extrablatt als Wandzeitung. Darauf standen in ganz dicken Lettern nur zwei Wörter: »ENRICO ADDIO!«... Zu Gott, Enrico! beim atheistischen Berlinguer. Aber kein Italiener hat verstanden, warum ich das komisch gefunden habe. Schließlich hatte ja auch der Papst ein Beileidstelegramm geschickt.

Rom. Roma aeterna. Rom, seit zweitausend Jahren *die Stadt*, die Mutter, die Seele, das Herz der Welt. Was ist ihr Zauber? Die Ruinen? die Geschichte? die Kaiser? die Päpste? die Einheit der Gegensätze? die Spannung der Antagonien? der Sonnenuntergang hinter der Peterskirche? der silbergraue Schleier über der violetten Silhouette der Kuppeln und Türme? Rom kann keiner erfassen, kann niemand beschreiben. Rom, die Stadt der Pinien, der Stiegen, der Katzen, der Brunnen, der Obelisken... von vielem ist in diesem Büchlein *nicht* die Rede gewesen, zum Beispiel von den Obelisken. Es ist nicht Platz für alles auf diesen wenigen Seiten, wenn man von einer Stadt redet, die eine Welt ist. (13 Obelisken gibt es. Von einer gewissen Stelle aus – bei San Carlino alle Quattro Fontane – sieht man drei auf einmal.) Einer davon hat einen rechteckigen, alle anderen einen quadratischen Grundriß. Einer, der kleinste, steht auf einem Marmorelefanten, der von niemand Geringerem als Bernini entworfen wurde. Er steht vor Santa Maria sopra Minerva. Und die Brunnen. Ottorino Respighi hat ein Tonpoem in vier Sätzen geschrieben: *Fontane di Roma* (von denen sich eine, die Fontana der Villa d'Este, aber außerhalb Roms, in Tivoli nämlich, befindet). Aber es gibt natürlich weit, weit mehr. Hätte Respighi alle besungen, wäre er sein Leben lang nicht fertig geworden. Es ist schwer aufzuhören, über Rom zu schreiben. Es ist schwer, Abschied zu nehmen. Damit sind wir beim vielleicht berühmtesten Brunnen Roms: der Fontana di Trevi. Es ist ein relativ neuer Brunnen, eigentlich das jüngste der klassischen Monumente Roms, stammt erst aus dem XVIII. Jahrhundert. Die *Fontana di Trevi* wurde im letzten Jahr in relativ kurzer Zeit restauriert und gereinigt und erstrahlt seit Juni 1990 in weißem Glanz; auch das Wasser läuft wieder und wartet auf die weltberühmten und vielbesungenen Münzen. Von wem der Brauch und der Aberglauben stammt, daß man, will man nach Rom zurückkehren, eine Münze hineinwerfen muß, habe ich nirgends erfahren. Aber selbstverständlich halte ich mich daran. Abergläubisch ist man natürlich nicht, aber – um ein Wort Nils Bohrs zu zitieren: man sagt, es hilft auch, wenn man nicht dran glaubt. Arrivederci Roma – *O Rom! du meine Heimat! Stadt der Seele!* hat Byron geschrieben. Der zufällige Umstand, daß *Roma* verkehrt herum gelesen *Amor* ergibt, hat zu vielen Spielereien geführt, und mit einer solchen vor- und rückwärts lesbaren Spielerei (deren Urheber mir unbekannt ist) möchte ich diese Einladung nach Rom schließen:

Roma tibi subito motibus ibit Amor,

den ich mir in klassisches Versmaß frei zu übersetzen erlaube:

Roma, du ewige, dir fliegt ergriffen die Liebe rasch zu

und ich füge an:

Drum wirf, du Fremder, den Obulus Neptun zu Füßen ins Wasser,
Wenn Rom du verläßt, und wisse, daß nie du Schön'res gesehn.

Literatur

Das vorliegende Büchlein ist kein Reiseführer, sondern eine Plauderei, wenngleich es manche Anregung und Information bieten wollte. Wer sich ernsthaft mit Rom beschäftigen will, wird sich Literatur beschaffen. Hier eine *kleine* Auswahl:

Literatur auf Italienisch: der beste Reiseführer ist die »*Guida d'Italia*« Band: *Roma e dintorini*, herausgegeben vom TCI (Mailand 1977); das immer noch unübertroffene Standardwerk über die Kirchen Roms ist *Mariano Armellini* »*Le Chiese di Roma*« (Rom 1891, es gibt Reprints); sehr gut ausgestattet und ansprechend sind die (durchgehend rot eingebundenen) Bücher der *Newton Compton Editori*, in denen jeweils einzelne Bände den Kirchen Roms, den Brücken, den Palästen usw. gewidmet sind. Das Genaueste und Speziellste, was es gibt, sind die »*Guide Rionali di Roma*«, die seit 1973 laufend erscheinen und jeweils eine Region, oft sogar noch in Teilbänden untergliedert, behandeln. Der exakteste archäologische Führer dürfte *Romolo A. Staccioli* »*Guida di Roma antica*« sein (Rom 1986). Eine rein praktische Angelegenheit ist das Heft »*Un ospite a Roma*«, das vierzehntäglich erscheint und in Italienisch und Englisch die aktuellen Öffnungszeiten aller Museen, Sammlungen, Galerien usw. verzeichnet, außerdem einen Veranstaltungskalender beinhaltet sowie ein Verzeichnis praktischer Adressen. Das Heft gibt es leider nicht zu kaufen, es liegt aber in allen besseren Hotels als Geschenk für den Gast auf. Am Donnerstag liegt der Zeitung

»Repubblica« der Sonderteil *Trovaroma* bei, der noch genauere Informationen bringt, allerdings nur auf Italienisch.

Literatur auf Deutsch: Reiseführer: Reclams Kunstführer Italien, Band V: *»Rom und Latium«*, ein ausgezeichneter und gediegener Führer, allerdings reiner Kunstführer. Als allgemeiner Reiseführer ist erstaunlicherweise nicht schlecht das kleine *»Rom kennen und lieben«* von *Katja Hassenkamp* (2. Aufl. 1989), den man geschenkt bekommt, wenn man eine Airtours-Reise bucht. Ein archäologischer Führer, sehr klar und gediegen, ist *Filippo Coarelli »Rom«* (deutsche Übersetzung 1975). Vom deutschen Standardwerk über die klassischen Museumsschätze Roms, *Helbig »Führer durch die öffentlichen Sammlungen«*, sind derzeit leider nur noch Band II und IV erhältlich. In der Reihe der Reiseführer von DuMont gibt es vier: *Matt/Barelli »Rom«*, ein chronologisch aufgebauter Bildatlas, *H. A. Stützer »Das antike Rom«*, ein ausgezeichneter archäologischer Führer, *»Richtig reisen – Rom«* von *Birgit Kraatz*, ein amüsantes, kenntnisreiches Buch, allerdings kein Führer, sondern eine Sammlung von Feuilletons und *H. J. Fischer »Rom/Ein Reisebegleiter«*. Es hat bisher vier *Merian*-Hefte *»Rom«* gegeben, das derzeit erhältliche ist vom November 1991, dazu – 1976 – ein Heft *»Vatikan«* (seltsamerweise mit k geschrieben).

Sehr konzentriert, sachlich, genau und informativ (auch was Adressen, Öffnungszeiten usw. betrifft), also ein Kunst- *und* Reiseführer von der Präzision des alten Baedeker, ist *»Rom«* von *Josef Maximilian Wiesel*, ein Buch, das bei aller Sachlichkeit seltsamerweise nicht ohne Poesie ist. Daß seit der letzten Auflage (1980) sich vieles geändert hat und manche Adresse nicht mehr stimmt, dafür kann der Autor natürlich nichts. Schön aufgemacht und gut ist der jüngst erschienene Artemis »Kunst-Reiseführer« *Rom* von Sabine Poeschel und Dieter Jansen.

Bildbände über Rom gibt es tonnenweise, und jedes Jahr kommt eine neue Tonne dazu. Das reicht von den billigen, klischeehaften Heften, die an den Andenkenständen verkauft werden, bis zu den kostbaren Prachtausgaben, wie etwa der wirklich bestechend schöne, lohnende Band *Giancarlo Gasponi »Ein anderes Rom…«*.

An Stadtplänen gibt es mehrere Ausgaben, die beste ist die von *Iter/Lozzi* (1 : 20000), wo auch die Busverbindungen angegeben sind, die allerdings nicht immer stimmen, wofür die Redaktion nichts kann, denn die Linienführung und die Haltestellen ändern sich sozusagen stündlich. Der genaueste Stadtplan ist *»Tutto Città«*, eine jährlich erscheinende Beilage zum Telefonbuch. Leider kann man das nicht kaufen. Wer es wirklich haben will, ist darauf angewiesen es zu stehlen.

Literarische Werke, die in Rom spielen, in Rom geschrieben wurden, sich hymnisch oder kritisch mit Rom auseinandersetzen, sind natürlich Legion in allen Sprachen. Selbstverständlich ist Goethes *»Italienische Reise«* an erster Stelle zu nennen, deren Lektüre man aber auch durch die der Goetheschen Briefe aus Italien ergänzen sollte. Auch der naive Reisebericht von Goethes Vater aus dem Jahr 1740 ist lesenswert. Einige Bücher, die mich besonders beeindruckt haben, möchte ich erwähnen: *Godfried Bomans »Römische Impressionen«; Wolfgang Koeppen »Tod in Rom«; Marie-Luise Kaschnitz »Engelsbrücke. Römische Betrachtungen«; Nino Erné »Rom, ein Tag – eine Nacht«; Carlo Emilio Gadda »Die gräßliche Bescherung in der Via Merulana«* und *Uwe Timm »Vogel, friß die Feige nicht«*, das der Autor »Römische Aufzeichnungen« nennt und das einen anrührenden Essay über jenen Antonio Gramsci enthält, der oben im Zusammenhang mit dem *Cimitero acattolico* erwähnt wurde. Ein lyrisches Kompendium des Phänomens Rom ist der 1987 erschienene

Gedichtband *»Eigenleben«* von Karl Alfred Wolken; einige Gedichte daraus zählen für mich zum Schönsten, was in unserer Zeit in deutscher Sprache in Gedichtform über Rom geschrieben wurde. Ein römisches Buch ganz eigener und faszinierender Art ist das *»Tagebuch eines Träumers«* von Luigi Malerba; es enthält Träume des Autors, die vielfach von und in Rom handeln und überhaupt römisch-surrealistisch und witzig sind, etwa wie Malerba träumt, daß er versucht, den Marc Aurel zu überreden, von seinem Pferd zu steigen, damit er ihn mit Einstein bekannt machen kann. Zwei Lesebücher, in denen literarische Texte (deutsche oder in deutscher Übersetzung) gesammelt sind, sind in jüngster Zeit erschienen: *»Rom. Ein Städtelesebuch«*, als Insel-Taschenbuch herausgegeben von Michael Worbs, und das *dtv-Reise Textbuch Rom*, herausgegeben von Franz Peter Waiblinger. Nicht berücksichtigt habe ich bei diesen Literaturhinweisen Bücher, die allgemein von Italien handeln und in denen Rom natürlich immer auch seinen Platz findet. Nur eins will ich erwähnen: den großartigen, liebend-kenntnisreichen (und sehr umfangreichen) Abschnitt über Rom in *Eckart Peterichs »Italien«* im II. Band, der, erweitert, 1990 als selbständiger Band wieder gedruckt wurde.

Ein populär-wissenschaftliches Werk im guten Sinn (wenngleich mit einigen sachlichen Fehlern) ist *Christopher Hibbert »Rom, Biographie einer Stadt«* (deutsche Übersetzung 1987), wissenschaftlichem Anspruch gerecht ist die Darstellung der mittelalterlichen Geschichte: *Richard Krautheimer »Rom, Schicksal einer Stadt 312–1308«*. Was aber diesen Zeitraum betrifft, ist natürlich unübertroffen und die spannendste Lektüre für den Romfreund immer noch *Ferdinand Gregorovius »Geschichte der Stadt Rom im Mittelalter«* (1978 in 7 dtv-Taschenbuchbänden erschienen). 1991, zum hundertsten Todestag, wurden die bisher nie vollständig publizierten römischen Tagebücher Gregorovius' herausgegeben. Da Gregorovius die Zeit des großen politischen Umbruchs in Rom in der zweiten Hälfte des XIX. Jahrhunderts miterlebt und seine Eindrücke genau aufgezeichnet hat, ist dieses Buch für den an der neueren Geschichte Roms Interessierten eine spannende Lektüre.

Ganz zum Schluß möchte ich auf eine Trouvaille für den fortgeschrittenen Romfreund hinweisen: 1984 ist als Insel-Taschenbuch eine kommentierte, zum Teil zweisprachige Auswahl der so liebenswürdigen wie bissigen Sonette Bellis erschienen: *»Die Wahrheiten des G. G. Belli«*, herausgegeben von Otto Ernst Rock. Wer mit dem Bus nach Trastevere hinüberfährt und an der turbulenten *Piazza Sonino* aussteigt, sieht dort ein eigenartiges, ganz unheldisches Denkmal: an eine Brunnen-Brüstung gelehnt steht ein marmorner Mann im Zylinder, ganz in Zivil. Das ist *Giuseppe Gioacchino Belli* (1791–1863), der 2000 Sonette im trasteveranischen Dialekt geschrieben hat. Ganz in der bewußten Tradition altrömischer Satiriker schrieb Belli seine beißenden, geistreichen, oft deftigen und obszönen und immer kritischen Verse gegen die verkrustete Klerikal-Herrschaft im Rom des XIX. Jahrhunderts. Der alte, fromm gewordene Belli wollte seine Sonette verbrennen – ausgerechnet ein Bischof rettete sie. Mit den geschichtlichen Zwischenbemerkungen Otto Ernst Rocks und den Kommentaren ist das Buch eine hochamüsante, aber auch erschütternde Chronik jener letzten sozusagen mittelalterlichen Jahre Roms, bevor es die neue Hauptstadt Italiens wurde.

Anhang

Rom in der Musik

Auch auf Musiker hat Rom in ähnlicher Weise Anziehungskraft ausgeübt wie auf Literaten und Maler. Seit fast zweihundert Jahren schickt die französische Regierung Stipendiaten, die den »Prix de Rome« gewonnen haben, in die Villa Medici auf dem Pincio. Es gibt kaum einen großen Namen in der französischen Musikgeschichte, der nicht in der Liste der Rom-Stipendiaten der Villa Medici aufscheint. Aber auch Musiker anderer Herkunft waren von Rom fasziniert und haben versucht, der Stadt oder einem ihrer Monumente in ihrer Musik Ausdruck zu verleihen.

Der Satz »Colosseum« im Zyklus »Bilder einer Ausstellung« von Mussorgski gehört ebenso dazu wie die Ouverture »Le Carneval Romain« von Hector Berlioz. Georges Bizet hat eine Tondichtung »Rome« geschrieben und Camille Saint-Saëns eine Symphonie »Urbs Roma«. Richard Strauss' Symphonische Phantasie op. 16 »Aus Italien« spielt, wenn man so sagen kann, zu zwei Sätzen in Rom: der erste Satz ist überschrieben »Auf der Campagna« und der zweite »In Roms Ruinen«; der Komponist hat dem noch die Bemerkung beigefügt: »Fantastische Bilder entschwundener Herrlichkeit, Gefühle der Wehmut und des Schmerzes inmitten sonnigster Gegenwart.«

Vielleicht am berühmtesten sind die drei Zyklen impressionistischer Ton-Poeme von Ottorino Respighi: »Fontane di Roma«, »Pini di Roma« und »Feste romane«. Aber auch weniger bekannte Komponisten haben dem Geist der Stadt Tribut gezollt: etwa Joseph Marx »Castelli Romani« für Klavier und Orchester (1929/30) oder George Rochberg »La bocca della verità« für Oboe und Klavier (1958/59).

Oft hat Rom als Opernkulisse gedient, sei es das antike Rom wie in Arrigo Boitos »Nerone« und in unzähligen Barockopern von Monteverdis »L'incoronazione di Poppea« bis zu Händels »Agrippina«, oder sei es das mittelalterliche in Wagners »Rienzi«. Auch Mozarts »Titus« spielt in Rom, und eine der schönsten Stellen in Pfitzners »Palestrina« ist der Schluß des ersten Aktes, wenn in der Morgendämmerung von draußen immer lauter werdend der Klang der Glocken Roms in die Studierstube des Meisters dringt – auch wenn die Glokken Roms in der Realität so nie zu hören sind. »Benvenuto Cellini« von Berlioz gehört hierher (aus welcher die oben genannte Ouverture stammt), eine Szene von Giuseppe Sinopolis Oper »Lou Salomé« spielt in der Peterskirche, und das Vorspiel zum dritten Akt »Tannhäuser« von Wagner schildert Rom. Puccini hat sein Lied »Inno di Roma« geschrieben, aber das Römische schlechthin in der Musik ist natürlich seine »Tosca«, auf die schon im Lauf der Erzählung die Rede gekommen ist. Die Oper, nach einem Text von Illica und Giacosa, nach einem Theaterstück von Victorien Sardou, wurde am 14. Januar 1900 am Teatro Costanzi, der heutigen Opera di Roma, uraufgeführt. Fern von Rom, wo ich leben muß, denke ich mich vor der Bar Sant' Eustachio sitzend, erinnere mich an das Sternbild der Dioskuren, das über der Schnekkenkuppel von Sant' Ivo leuchtet, und dann singt Cavaradossi in mir: »E lucevan le stelle...«

Ich danke Frau Dr. Elisabeth Wolken, Prof. Dr. Bernard Andreae, Prof. Lothar Pauckner, Andrew Englisch, Andreas Steiner und Andreas Wicky sowie Oriol Schedel und Frau Bettina Bolli von der Buchhandlung *Herder* für viele Hinweise und Unterstützung für dieses Buch; den Dank an Dr. Wilhelm Krammer habe ich schon durch die Widmung des Buches ausgedrückt, er sei hier wiederholt.

Herbert Rosendorfer
Venedig
Eine Einladung

KiWi 303
Originalausgabe

Noch gibt es Venedig, diese Stadt, die längst zum Traum ihrer eigenen Schönheit und Vergangenheit geworden ist. Rosendorfer nimmt uns mit auf die gewundenen Wege ihrer Entwicklung und Topographie und führt uns in die Einzigartigkeit ihrer Symbiose aus Natur, Geschichte, Reichtum und Kunst ein. Seine Einladung ist dringend, Venedig, dieses Wunder einer »Inszenierung« des Lebens, bald zu besuchen, bevor es stirbt.

KiWi Paperbackreihe bei Kiepenheuer & Witsch